# 미디어 리터러시 수업

Z세대를 위한 미디어 교육 길잡이

미디어
리터러시
수업 Z세대를 위한
미디어 교육
길잡이

김광희 김면수 이선희 정형근 홍윤빈

Humanist

우리는 미디어를 통해 정보를 습득하거나 서로 소통하면서 살아갑니다. 미디어가 없다면 우리가 살아가고 있는 문명사회는 유지될 수 없을 겁니다. 미디어 학자 마샬 맥루한은 그 시대의 지배적인 미디어가 문명의 성격을 바꾼다고 이야기했습니다. 맥루한의 말에 따르면 미디어의 역사가 곧 문명사회의 역사인 셈입니다. 우리는 이제 막강한 영향력을 행사하던 활자 미디어의 시대를 지나 디지털 미디어가 지배하는 새로운 시대로 진입하고 있습니다. 사람들은 스마트폰으로 뉴스와 영화를 보고 좋아하는 아이돌 스타의 인스타그램에 접속해 '좋아요'를 누르며 자신의 일상을 그대로 방송으로 내보내고 있습니다. 디지털 미디어 기술은 언제 어디서나 우리를 서로 이어주고 무한한 정보에 접근할 수 있게 해줍니다. 이렇게 미디어와 접하는 경험은 이미 우리에게 많은 즐거움을 주고 있습니다. 재미있는 것은 누가 가르쳐주지 않아도 잘 습득하기 마련입니다. 많은 사람이 미디어를 통해 자신이 원하는 즐거움을 능숙하게 얻고 있습니다.

4

하지만 미디어 시청에 많은 시간을 쓴다고 해서 미디어가 제공하는 수많은 정보와 이미지를 제대로 이해하고 있는 것은 아닙니다. 미디어가 쏟아내고 있는 정보와 이미지는 누군가에 의해 만들어지고 편집된 것들입니다. 거기엔 그러한 정보와 이미지를 만든 의도와 목적이 담겨 있습니다. 다시 말해서 미디어는 순수한 의도로 우리에게 접근하지 않습니다. 뉴스는 사실만 보도하는 것이 아닙니다. 거기엔 사건을 바라보는 관점과 태도가 스며 있습니다. 기획사들은 소속 가수들의 새로운 음반을 홍보하기 위해 뮤직비디오를 적극적으로 활용합니다. 드라마나 영화 속에서 특정 제품을 노출시켜 홍보하는 간접광고는 점점 더 교묘해지고 있습니다. 유튜브의 몇몇 크리에이터는 조회수를 올리기 위해 자극적이고 선정적인 방송을 하기도 하고 조작된 내용으로 콘텐츠를 만들어 시청자를 기만하기도 합니다. SNS를 통해 확산되는 가짜뉴스는 진실과 거짓을 분별하는 대중의 눈을 흐리게 하면서 사회에 큰 혼란을 일으키고 있습니다.

이러한 상황에서 미디어 리터러시를 갖춘다는 것은 매우 중요합니다. 미디어 리터러시란 미디어를 비판적으로 읽고 활용할 수 있는 능력을 의미합니다. 미디어를 통한 정보를 수동적으로 받아들이는 것이 아니라, 그 정보가 어떻게 짜여 있는지, 누가 어떤 의도로 이러한 정보를 미디어를 통해 내보내고 있는지를 꼼꼼하게 분석할 수 있어야 합니다. 특히 디지털 미디어 시대에 대중은 미디어가 내보내는 이미지들에 압도되고 있습니다. 이미지들은 우리의 이성보다는 감성에 호소합니다. 미디어를 제작하는 사람들은 자신의 의도와 목적에 맞게 이미지를 선택하고 조작하여 사실을 과장하거나 왜곡할 수 있습니다. 미디어 리터러시를 갖춘 시민은 미디어가 쏟아내고 있는 이미지들을 분석하여 그 이미지들이 갖는 맥락과 논리를 파악할 수 있습니다. 미디어가 전달하는 정보와 이미지를 비판적으로 읽을 수 있는 시민은 미디어에 선동되지 않고 미디어가 가리는 진실을 찾아낼 수 있습니다.

디지털 미디어 시대에 필요한 미디어 리터러시는 미디어를 비판적으로 분석하는 것 이상을 요구합니다. 그것은 바로 미디어를 활용한 커뮤니케이션 능력입니다. 디지털 미디어를 통해 누구나 미디어를 제작할 수 있는 1인 미디어 시대가 열렸습니다. 이제 거대한 자본과 시스템에 의존하지 않고서도 누구나 스마트폰을 통해 미디어를 제작할 수 있습니다. 자신만의 생각과 주장을 독창적인 콘텐츠로 만들어 세상과 소통할 수 있는 시대가 온 것입니다.

이 책은 미디어 리터러시 교육을 연구해보자는 정형근 선생님의 제안으로 다섯 명의 교사가 모이면서 시작되었습니다. 언론진흥재단의 지원을 받아, 미디어 교육을 어떻게 교실에서 실현할 수 있을까를 고민하면서 지난 2년간 함께 공부하고 토론해왔습니다. 이 책은 그 결실입니다. 이 책을 만들면서 신경을 썼던 점은 다음과 같습니다.

첫째, 미디어를 단순히 교육의 소재로서만 활용해왔던 기존의 미디어 교육에서 탈피하고자 했습니다. 미디어 리터러시 교육에서 미디어는 특정 교과를 위한 소재가 아니라 미디어 그 자체가 주제가 되어아 합니다. 그래서 인기 아이돌의 뮤직비디오, 기안84의 웹툰, 유튜브의 1인 방송 등을 수업의 중심으로 삼았습니다.

둘째, 학생들이 미디어를 비판적으로 읽는 것은 물론 미디어를 자신들의 삶과 관련지어 생각해볼 수 있는 수업을 고민했습니다. 미디어 리터러시 교육은 학생들이 자신의 삶 속에서 성장하는 계기를 마련해주고 자신이 속한 공동체의 다양한 문제를 해결할 수 있는 문제 해결력까지 키워줍니다. 그래서 이 책은 미디어와 관련된 지식들을 배우고 난 후 4차시에 걸쳐 학습자들이 미디어 리터러시를 활용하여 '나'와 공동체의 문제들을 고민하고 해결 방안을 찾아가는 활동을 할 수 있도록 구성했습니다.

셋째, 학교 교육에서 구현 가능한 미디어 리터러시 교재를 만들고자 했습니다. 공교육의 위기를 말하는 사람이 많습니다. 하지만 학교 현장에서는 변화의 흐름을 분명히 느끼고 있습니다. 이미 자유학기제가 자리를 잡아가고 있고 교육과정도 학생 선택 중심의 교육과정으로 변화가 예상됩니다. 이제 학교 수업의 변화는 불가피한 시대적 요구입니다. 미디어 리터러시 교육은 이러한 상황에서 하나의 좋은 선택이 될 수 있습니다. 교실에서 새로운 수업을 고민하는 교사들에게 조금이나마 도움이 되었으면 하는 마음으로 책을 썼습니다.

이 책을 읽는 독자들이 한 개인으로서 그리고 공동체의 일원으로서 성장을 경험하기를 바랍니다. 그리고 교실에서 또는 학교 밖의 다양한 교육공동체에서 새롭고 다양한 미디어 리터러시에 대한 논의와 교육 활동이 활발하게 이루어지기를 기대합니다.

저자들을 대표하여 김면수 씀

# 차례

머리말                                                          4

---

## 1. 바보상자의 스마트한 변신 · 텔레비전          10
공정한 세상을 위한 프로그램 제작하기

---

## 2. 대중문화의 버라이어티쇼 · 뮤직비디오          28
뮤직비디오로 사회적 메시지 표현하기

---

## 3. 가상공간에서 소통하기 · 게임          52
세상과 소통하는 게임 제작하기

---

## 4. 뉴스와 이미지의 만남 · 카드뉴스          74
카드뉴스로 사회적 갈등 해결하기

---

## 5. 자본주의가 피워낸 예술 · 광고          90
광고를 통해 비판적으로 세상 바라보기

# 6. 스크롤로 펼치는 만화 · 웹툰          110

만화로 억압 없는 세상 꿈꾸기


# 7. 디지털 세상, 연결의 중심 · 소셜 미디어      130

SNS로 현명하게 의사소통하기


# 8. 한눈에 쏙 들어오는 시각화 자료 · 인포그래픽    150

효과적인 정보 전달로 사람들 설득하기


# 9. 꿈과 현실로 짠 스크린 · 영화              166

영화를 통해 고민한 주제를 영상으로 표현하기


# 10. 모든 영상이 모이는 곳 · 유튜브           196

편협한 정보에서 벗어나 세상에 참여하기

# 1

# 바보상자의 스마트한 변신

## 텔레비전

좋은 언론, 좋은 텔레비전이

우리가 살고 있는 세계를 더 좋은 세상으로 만들 수 있다고 믿는다.

크리스티안 아만포(CNN 언론인)

# 미디어 이해하기

## 1. 텔레비전의 등장

'텔레비전television'은 먼 거리를 뜻하는 그리스어 '텔레tele'와 보는 것을 뜻하는 라틴어 '비시오visio'가 합쳐져 만들어진 말이다. 영상과 음향을 전기 신호를 통해 전송하는 텔레비전 방송은 사진과 영화 기술에 전파를 활용하는 라디오 방송 기술이 접목되면서 본격적인 대중 매체로 자리 잡기 시작하였다. 1930년대 중반 프랑스, 독일, 영국에서 텔레비전 정규 방송을 시작한 이래 아직 100년도 안 된 미디어이지만 그 어떤 미디어보다 폭넓은 수용자를 지니고 있고, 정보 전달은 물론 오락과 휴식을 제공하는 데 가장 효율적인 매체로 오랫동안 사랑을 받아왔다.

현 시점에서 가장 막강한 힘을 가진 미디어가 무엇이냐고 묻는다면, 그것이 텔레비전이라고 자신 있게 말할 수는 없다. 이제 많은 사람들이 인터넷이나 스마트폰으로 관심 있는 콘텐츠를 즐기기 때문이다. 하지만 사람들이 인터넷이나 스마트폰으로 즐기는 콘텐츠가 텔레비전 프로그램인 경우가 많기 때문

바보상자의 스마트한 변신

에, 텔레비전은 여전히 우리 삶에 큰 영향력을 끼치는 미디어라 할 수 있다.

우리나라에서 텔레비전 방송이 시작된 것은 1950년대부터인데, 1960년대까지만 하더라도 텔레비전 보급률이 1퍼센트에 불과하였다. 그때는 텔레비전 가격이 너무 비싸서 일반인들이 구입하기가 어려웠기 때문이다. 그래서 한일전 스포츠 경기나 인기 드라마가 방송되는 날이면 동네 사람들이 텔레비전이 있는 집에 모이곤 하였다. 1970년대에 들어서면서 텔레비전의 가격이 떨어지기 시작하였으며, 경제 발전으로 여유가 생긴 서민들이 텔레비전을 집에 들여놓을 수 있었다. 그래서 1970년대 말이 되면 텔레비전 보급률이 80퍼센트에 이르게 된다. 1980년대에는 우리나라에서도 컬러텔레비전 방송이 시작되었다. 그때부터 가족이 밥상에 앉아 밥을 먹으며 뉴스나 드라마를 보는 것이 일상이 되었다.

## 2. 텔레비전이 지배하는 일상

텔레비전 방송은 편성표로 짜여 있다. 텔레비전 방송에서 편성은 매우 중요한 문제이다. 한 방송사가 밤 9시에 하던 뉴스를 한 시간 앞당겨 8시에 시작했을 때 큰 화제가 되기도 하였다. 한 시간 앞당긴다고 뭐가 달라질까 싶지만, 실제로 사람들은 그 소식에 꽤 민감하게 반응하였다. 뉴스 프로그램의 편성 시간이 바뀌면 그 뉴스를 시청하는 사람들의 일상 시간표도 바뀔 수 있기 때문이다.

방송의 편성표는 우리의 하루 일과에 맞추어 짜여 있다. 직장인들은 아침에 일어나 아침 뉴스를 보고 그날의 이슈와 날씨 등을 파악하고 출근을 한다. 전업주부들은 배우자와 자녀가 직장과 학교에 가고 난 9시쯤이면 홀가분한 마음으로 아침 드라마를 보거나 살림에 필요한 정보 프로그램들을 본다. 저녁을 먹고 나면 하루 동안 있었던 일들을 뉴스를 통해 접하고, 늦은 밤이 되면 하루의 피로를 풀어주는 예능 프로그램이나 드라마를 시청한다.

　사람들이 습관적으로 텔레비전을 켜는 이유는 이렇게 텔레비전 방송 편성이 우리의 일상적 패턴에 맞추어 필요한 정보와 오락을 제공하기 때문이다. 하지만 최근 들어 편성표의 힘이 많이 약해졌다. 인터넷이나 스마트폰으로 텔레비전 프로그램을 보는 사람들이 많아졌기 때문이다. 이제 사람들은 '본방 사수'의 부담 없이 텔레비전 프로그램을 볼 수 있다. 그렇다 하더라도 우리의 일상을 지배하는 텔레비전 편성표의 힘은 여전히 살아 있다.


## 3. 텔레비전의 기능

텔레비전을 '바보상자'라고 부르기도 하지만, 사실 텔레비전이 지닌 이로운 점도 많다. 활용만 잘하면 텔레비전은 우리 생활에 매우 유용한 매체이다. 그렇다면 텔레비전이 가진 기능에는 어떤 것들이 있을까?

　첫째, 텔레비전은 교육적 기능을 가지고 있다. 어린아이들은 텔레비전으로 뽀로로나 콩순이 등을 보면서 재미와 함께 다른 사람들과 어떻게 살아가야 하는지, 오해가 생겼을 때는 이를 어떻게 풀어야 하는지, 거짓말을 하면 어떤 나쁜 상황들이 만들어지는지 등을 배운다. 어른들도 뉴스는 물론 각종 교양 프로그램 등을 보면서 다양한 지식과 깨달음을 얻게 된다.

　둘째, 텔레비전은 정보를 제공하는 기능을 한다. 뉴스나 시사 프로그램은 물론 기타 다양한 프로그램을 통해서 우리는 정치적 현안, 경제 상황, 문화 이슈 등과 관련된 정보를 얻는다. 텔레비전을 '세계를 보는 창'이라고 부르는 것은 바로 이런 정보 전달 기능 때문이다.

　셋째, 텔레비전은 여론을 조성하는 기능을 한다. 이제 대통령 선거에서 후

보자들 간의 텔레비전 토론은 필수적인 요소가 되었다. 텔레비전은 사회적 현안이나 정치적 갈등 상황에 대한 사회 구성원들의 여론을 담아내거나 다양한 입장에 선 사람들이 서로 대화할 수 있는 토론의 장이 되기도 한다. 정치인들이 텔레비전에 많이 등장하는 것도 텔레비전이 지닌 여론 조성 기능을 잘 알고 있기 때문이다.

넷째, 텔레비전은 오락적 기능을 가지고 있다. 텔레비전은 현대인들이 즐길 수 있는 가장 쉽고 저렴한 오락 수단이다. 예능 프로그램이나 드라마, 스포츠 프로그램 등이 이런 오락적 기능을 담당하고 있다. 사람들은 텔레비전을 보면서 하루의 피로를 풀고 휴식을 취한다.

다섯째, 텔레비전은 그 사회가 지닌 관습이나 문화 등을 전수하는 유용한 매체이기도 하다. 명절날 차례를 지내고 함께 명절 음식을 먹는 모습이 현실에서는 점점 사라져가고 있지만, 뉴스나 드라마에서는 가장 전통적인 모습으로 남아 있다. 이렇게 텔레비전은 시청자들에게 바람직한 가치 규범을 가르치고 문화를 전승하기도 한다.

이 밖에도 텔레비전은 다양한 기능을 수행하고 있다. 이를 잘 활용한다면 텔레비전은 우리의 삶을 더욱 풍부하게 하고 성장하게 하는 미디어가 될 것이다.


## 4. 텔레비전과 자본

책이나 영화, 인터넷 등 대부분의 미디어는 미디어를 소비하는 사람들이 그 비용을 지불한다. 그런데 텔레비전을 소비하는 우리는 그 비용을 거의 내지 않는다. 그렇다면 텔레비전 방송 제작에 들어가는 돈은 어디서 구할까? 바로 광고주들이다. 광고주는 방송국에 비용을 지불하고, 대신 방송국은 방송 프로그램 사이사이 혹은 프로그램 중간에 광고를 내보낸다. 그리고 시청자들은 원하는 프로그램을 보기 위해서 광고를 봐야 한다. 텔레비전이라는 미디어와 기업 사이의 관계가 매우 깊다는 것을 알 수 있다.

텔레비전 광고는 점점 더 교묘한 전략을 사용하고 있다. 간접 광고(PPL)는 자연스러운 맥락 속에 광고를 배치하는 전략이다. 드라마 속 등장인물이 특정 상품을 사용하거나 특정 브랜드의 차를 타고 다니는 장면을 보여주는 식으로 상품을 광고하는 것이다. 또한 여행을 하는 예능 프로그램 같은 경우, 출연자들이 방문한 여행지나 그곳에서 들른 식당 등이 자연스럽게 광고 효과를 얻게 된다. 시청자들은 텔레비전이 쏟아내는 특정 상품이나 기업에 대한 이미지를 받아들일 수밖에 없다. 텔레비전은 광고뿐만 아니라 다양한 방식으로 상품을 소비하도록 시청자들을 부추기고, 이는 기업의 이익으로 이어지고 있다. 이러한 간접 광고들은 텔레비전 프로그램 속에 들어와 있는 광고이기 때문에 피하기가 쉽지 않다. 드라마에 몰입하면서 혹은 예능 프로그램에 즐거워하는 동안 우리는 무의식적으로 어떤 상품에 대한 긍정적인 이미지를 갖게 되는 것이다.

## 5. 뉴미디어 시대의 텔레비전

뉴미디어의 확산에 따라 텔레비전을 시청하는 양상도 달라지고 있다. 이제 많은 사람들은 인터넷이나 스마트폰으로 자신이 편한 시간대에 원하는 시청 방식으로 텔레비전을 보고 있다. 그리고 종합편성채널이나 케이블TV의 등장으로 선택할 수 있는 채널과 프로그램의 종류가 다양해졌기 때문에 시청자의 선택권이 중요해졌다. 소수의 지상파 방송사가 텔레비전 방송을 장악하던 시대는 이제 끝난 것이다.

바보상자의 스마트한 변신

뉴미디어의 확산은 점점 더 다양화되고 세분화되고 있는 사람들의 삶의 방식과도 연관이 있다. 이제 자신이 직접 콘텐츠를 제작하여 유튜브나 아프리카TV 등을 통해 방송을 하는 '1인 방송' 시장이 점점 더 커지고 있고, 벌써 대중적 영향력을 지닌 스타들이 탄생하고 있다.

뉴미디어 시대에 방송사들은 시청자를 사로잡기 위해 새로운 전략을 내놓기 시작하였다. 최근 지상파 방송들은 인터넷 개인 방송의 형식을 취하거나 유명 유튜버들을 끌어들이는 등 뉴미디어의 형식과 인재를 활용하고 있다. 또한 방송사들은 인터넷을 통해 새로 제작한 드라마의 초반 회차 '다시보기' 서비스를 무료로 제공하거나 텔레비전에서 방영하기 전에 인터넷을 통해 온라인에서 먼저 선보이는 방식을 택하기도 한다. 예를 들어, TVN의 예능 프로그램 〈신서유기〉는 네이버 TV캐스트를 통해 미리 프로그램을 선보인 후 이를 재편집해 방송으로 내보냈었다. 온라인상의 일명 '짤'을 위주로 화제가 되면 프로그램의 인지도가 높아지고, 이는 방송에서 프로그램의 시청률을 안정적으로 높이는 데 큰 도움이 되기 때문이다.

이처럼 텔레비전은 뉴미디어와의 경쟁에서 살아남기 위해 치열한 노력을 기울이고 있다. 인터넷이 처음 등장했을 때 적지 않은 전문가들이 텔레비전의 시대가 끝날 것이라고 예측하였다. 하지만 텔레비전은 지금도 건재하다. 뉴미디어 시대에 텔레비전은 또 한 번 큰 위기를 맞이하고 있다. 텔레비전이 살아남는 길은 '다양한 양질의 콘텐츠 생산'에 달려 있다. 텔레비전 방송국들이 양질의 콘텐츠들을 생산해낸다면 새로운 플랫폼의 등장은 위기가 아니라 오히려 기회가 될 수 있다. 사람들은 다양한 플랫폼에서 텔레비전 프로그램에 대한 이야기를 나누고 새롭게 자신들의 콘텐츠를 생산할 수 있기 때문이다. 이러한 협력적 관계로 나아간다면 텔레비전의 영향력을 지속시킬 수 있을 뿐 아니라 오히려 더 크게 확산시킬 수도 있을 것이다.

# 미디어로 수업하기

공정한 세상을 위한 프로그램 제작하기

1차시 방송 프로그램에 대한 입장 세우기

여러분은 '아기 키우는 프로그램'을 시청한 적이 있나요? 예전에 〈아빠 어디 가?〉라는 프로그램이 인기를 끌었는데, 그 후 유명인이 자녀와 함께 출연하는 프로그램이 많이 생겨났습니다.

1. '아기 키우는 프로그램'과 관련이 있는 다양한 사람들은 이 프로그램에 대해 어떤 입장을 가지고 있을까요? 모둠을 나누어 월드카페 방식으로 생각을 나누고 정리해봅시다.

**월드카페 방식**

① 모둠별로 특정 주제(대상)를 정한다.

② 모둠의 카페 주인을 정한다.

③ 특정한 시간 동안 주어진 주제에 대해서 자유롭게 브레인스토밍을 한다.

④ 일정 시간이 지나면 카페 주인만 남고 다른 사람들은 자신이 흥미를 갖는 다른 주제를 이야기
하는 모둠으로 간다.

⑤ 특정 시간 동안 이 활동을 반복한다.

⑥ 어느 정도 의견이 충분히 교환되면 카페 주인이 나와서 자신의 모둠을 다녀간 사람들의 의견
을 종합해서 발표한다.

| 대상 | 프로그램에 대한 입장 |
|---|---|
| 프로그램에 출연하는 아기 | |
| 프로그램에 출연하는 유명인 아빠 | |
| 프로그램 제작자 | |
| 프로그램의 광고주 | |
| 시청자 | |

어떤 의견을 나누었나요? 우리가 즐겁게 시청하는 '아기 키우는 프로그램'도 잘 들여다보면 여러 가지로 생각할 만한 것들이 있습니다. 텔레비전 프로그램을 선택하는 것은 우리지만 그 프로그램에 영향을 받고 있는 것도 결국 시청자라는 것을 생각해봐야 합니다. 물론 별 생각 없이 즐겁게 텔레비전을 보면서 일상에서 쌓인 피로를 푸는 것도 정신 건강에 도움이 됩니다. 그렇지만 조금만 관점을 달리하여 다양한 방면에서 텔레비전 프로그램을 시청한다면 텔레비전이 바보상자가 되지는 않을 것입니다.

**2. '아기 키우는 프로그램'과 관련 있는 사람들의 입장 가운데 가장 그럴듯한 것을 하나씩 골라봅시다.**

| 대상 | 가장 그럴듯한 입장 |
|---|---|
| 프로그램에 출연하는 아기 | |
| 프로그램에 출연하는 유명인 아빠 | |
| 프로그램 제작자 | |
| 프로그램의 광고주 | |
| 시청자 | |

바보상자의 스마트한 변신

〈둥지 탈출〉은 유명 연예인들과 그 자녀들이 함께 나오는 소위 '가족 예능' 프로그램입니다. 이제 막 성년의 시기로 접어드는 청년들이 나와서 그들의 삶과 나름의 고민을 보여줍니다.

1. 가족 예능 프로그램이 편성되고 사람들이 보게 되는 이유는 무엇일지 짝과 함께 이야기를 나눠봅시다.

어른들은 예전에 인기 있던 중년의 연예인들을 다시 예능 프로그램에서 보면서 세월이 흘렀음을 느끼기도 하고, 또 '연예인은 세월이 흘러도 변함이 없구나.' 하고 느끼기도 합니다. 또 그 자녀들을 보면서 '역시 엄마(혹은 아빠) 닮아서 남다르구나.' 하는 생각도 하는 것 같습니다. 또 텔레비전에서 연예인들의 가정생활을 들여다보는 재미도 있어서 이런 프로그램을 보게 되는 것 같습니다. 그렇다면 이런 프로그램은 그냥 재미로만 봐도 되는 것일까요?

2. 〈둥지 탈출〉에 출연했던 젊은 출연자 중에는 방송인이 되려는 사람도 있을 것입니다. 연예인 지망생의 입장에서, 이런 프로그램이 미칠 수 있는 불공정한 부분은 어떤 것들이 있을지 생각해봅시다.

기회의 균등과 과정의 공정함은 건강한 사회를 만드는 중요한 요소입니다. 그런데 '공정한 경쟁'과 '목표를 위한 노력'보다 원래부터 주어진 조건이 우리 삶에 더 많은 영향을 미친다면 사회 전체적으로 봤을 때 결코 좋지 않을 것입니다.

별 생각 없이 소비하는 텔레비전 프로그램도 조금 다른 시각에서 살펴보면 생각할 거리가 있다는 것을 알게 됩니다. 그렇다고 늘 비판적인 눈으로 텔레비전을 볼 필요는 없습니다. 즐길 때는 즐기되, 그 이면에 숨어 있는 것들을 한 번쯤 생각해보는 것만으로도, 그리고 그런 생각을 친구들과 공유해보는 것만으로도 우리 사회는 조금 더 건강해질 수 있습니다.


**3. 모둠을 만들어 가족이 등장하는 예능 프로그램 하나를 선정한 후, 그 프로그램이 가진 긍정적인 측면과 부정적인 측면을 생각해봅시다.**

바보상자의 스마트한 변신

'먹방'의 인기가 식을 줄 모르고 있습니다. 관련 프로그램의 종류도 다양합니다. 요리사들이 나와서 요리하는 모습을 보여주기도 하고, 골목의 식당들을 찾아 컨설팅을 해주기도 합니다. 맛집 소개 프로그램은 아니지만 많은 예능 프로그램에서 부분적으로 연예인들의 먹방을 자주 보여줍니다. 한 연예인이 찾은 맛집들은 크게 화제가 되어 사람들이 연일 줄을 서기도 합니다. 맛집 소개 프로그램의 인기는 앞으로도 꽤 계속될 것 같습니다. 그런데 이런 프로그램은 우리 삶에 어떤 영향을 미칠까요?

**1. 다음 질문들에 답해봅시다.**

• 맛집을 알려주는 프로그램을 자주 보나요? 자주 본다면 그 이유는 무엇인가요?

• 텔레비전에 소개된 맛집을 부모님이나 친구들과 함께 가보게 되나요?

• 여러분의 언니, 오빠 혹은 부모님이 '뜨는 동네의 맛집'에 가나요?

• 텔레비전에서 소개된 맛집을 방문했을 때 생각만큼 혹은 기대한 만큼 맛이 있었나요?

맛집 소개 프로그램에서 서울 서촌의 한 음식점을 소개한 적이 있습니다. 서촌은 세종대왕이 태어난 터가 있는 곳이라서 '세종마을'이라고도 합니다. 유명한 전통시장도 있고, 우리나라 유명 문인들의 흔적도 살필 수 있습니다. 게다가 지하철역과 가까워 접근성도 뛰어납니다. 몇 년 전까지만 해도 사람들이 많이 찾지 않았는데, 텔레비전이나 각종 미디어에 이 지역과 이곳 맛집들이 소개되면서 사람들이 많이 찾게 되었습니다.

**2. 여러분이 서촌 지역에서 음식점을 운영하고 있다면, 서촌 맛집들이 텔레비전 프로그램에 소개된 후 어떤 일이 일어날지 생각해봅시다.**

장점과 단점이 모두 있을 수 있습니다. 언뜻 생각하면 장점이 많을 것 같습니다. 하지만 한번 생각해봐야 할 것이 있습니다. 혹시 '젠트리피케이션'이라는 말을 들어본 적이 있나요? 젠트리피케이션의 의미는 다음과 같습니다.

> 중산층 이상의 계층이 빈곤 계층이 많이 사는 정체 지역에 진입해 낙후된 구도심 지역에 활기를 불어넣으면서 기존의 저소득층 주민을 몰아내는 현상을 이르는 말이다. '신사 계급, 상류 사회, 신사 사회의 사람들'을 뜻하는 'gentry'와 '화(化)'를 의미하는 'fication'의 합성어이다. 성공회대학교 이기웅 교수는 일반적으로 젠트리피케이션은 "값싼 작업 공간을 찾아 예술가들이 어떤 장소에 정착하고 그들의 활동을 통해 지역의 문화 가치가 상승하면 개발자들이 들어와 이윤을 획득하는 방식"으로 이루어진다고 하였다.

가게에서 장사를 하는 사람들은 그 가게의 주인이 아니라 세입자인 경우가 많습니다. 오랫동안 노력해서 메뉴를 개발하고 단골을 만들었던 사람들이 잠시 빛을 보자마자 감당할 수 없는 임대료 인상 때문에 결국은 그 지역에서 쫓겨나 다른 곳으로

바보상자의 스마트한 변신

가야 하는 현상이 일어난다는 것입니다. 이게 바로 우리나라의 소위 '뜨는 동네'에서 자주 일어나는 젠트리피케이션 현상입니다.

3. 우리나라에서 젠트리피케이션 현상이 일어나고 있는 지역을 인터넷에서 조사해 봅시다.

4. 젠트리피케이션을 막기 위한 방법에는 어떤 것들이 있을지 생각해봅시다.

지금까지 텔레비전 프로그램에 대해서 어느 정도 이야기를 나눠보았습니다. 이제 여러분이 직접 방송 프로그램의 기획자가 되어서 이 시대의 시청자가 요구하는 새로운 프로그램을 만들어보세요.

## 1. 모둠을 만들어 아래 양식에 따라 새로운 프로그램의 계획서를 만들어봅시다.

| | |
|---|---|
| **프로그램의 형태** | 보도 – 종합 뉴스 ☐   뉴스쇼 ☐   시사 프로그램 ☐<br>교양 – 생활 정보 ☐   다큐멘터리 ☐   토론 ☐   토크쇼 ☐<br>오락 – 오디션 ☐   리얼리티 ☐   음악 ☐ |
| **기획 의도** | |
| **프로그램 이름** | |
| **주된 시청자층** | |
| **주요 출연진과<br>그 이유** | |
| **예상되는 광고주** | |

2. 투자자에게 여러분이 계획한 프로그램을 설명하는 투자 설명회를 한다고 생각해 봅시다. 모둠별로 위에서 계획한 프로그램을 소개하는 인포그래픽을 만들어 발표해봅시다.

# 2

# 대중문화의 버라이어티쇼

## 뮤직비디오

특정 음악을 듣다 보면 한 시대가 떠오를 만큼 음악은 힘이 세다.

그리고 그 음악에는 단 하나의 오피셜한 영상이 붙을 수 있다.

그걸 만드는 것이 우리 일이라고 생각하면, 정말 매력적인 직업인 거다.

박상우(뮤직비디오 감독)

# 미디어 이해하기

---

## 1. 뮤직비디오의 탄생

뮤직비디오의 매력은 음악을 영상과 함께 즐길 수 있다는 것이다. 사실 사람들이 영상과 음악을 함께 즐길 수 있게 된 것은 영화를 통해서였다. 1920년대 초기의 디즈니사는 애니메이션에 음악을 결합하였고, 영화 〈재즈싱어〉에서는 주인공이 노래하는 장면에 스피커를 통해 음악을 들려주었다. 그러나 대중음악을 영상과 결합한 본격적인 뮤직비디오의 기원은 1940년대 미국에서 생산된 비주얼 주크박스인 파노람Panoram과 이를 계승한 프랑스의 스코피통Scopitone에서 찾을 수 있다. 파노람과 스코피통은 음악을 입력하면

파노람

대중문화의 버라이어티쇼

미리 만들어둔 영상을 모니터를 통해 보여주는 방식의 주크박스였다. 처음에는 사람들의 관심을 받았으나 1960년대 말에 사라졌다. 하지만 가사와 어울리는 영상 이미지들로 구성했으며, 화면 속의 가수가 노래에 맞게 립싱크하고 있는 이미지들은 우리가 알고 있는 뮤직비디오와 크게 다르지 않았다.

당시 음악과 영상을 결합시키는 주된 장르는 여전히 영화였다. 특히 엘비스 프레슬리가 출연하여 1950년대 청년 문화와 록큰롤을 보여주었던 영화 〈Love Me Tender〉의 성공은 영상과 음악의 결합을 가속화하였다. 그리고 1964년 영화 〈A Hard Day's Night〉는 비틀스 멤버들이 겪는 스타로서의 일상을 그들의 히트곡과 함께 그려내, 뮤직비디오 스타일의 독특한 코드를 만들어내는 데 중요한 영향을 끼쳤다. 또한 비틀스는 뮤직비디오의 전신이라 할 수 있는, 홍보용 영상인 프로모promo를 제작하기도 하였다. 그러나 본격적인 뮤직비디오의 시대는 MTV의 탄생과 더불어 시작되었다.


## 2. 뮤직비디오의 신대륙 MTV

1981년 8월 1일 MTV는 달에 착륙하여 MTV 로고가 새겨진 깃발을 꽂는 영상과 함께 버글스Buggles의 〈Video Killed The Radio Star〉 뮤직비디오로 첫 방송을 시작하였다. 처음으로 내보낸 뮤직비디오를 통

해 MTV는 이제 라디오로 음악을 듣는 시대는 끝났다고 선언하였다. 음악을 비디오로 보면서 듣는 시대가 온 것이다. MTV의 등장으로 음악 산업에도 많은 변화가 일어났다. 팝스타들은 대중의 관심을 끌기 위해 외모와 패션

그리고 퍼포먼스 등 시각적인 측면에 많은 신경을 쓰게 되었다. 대중에게 인상적인 뮤직비디오는 음악 시장에서 화제의 중심이 되었고, 이는 큰 홍보 효과를 가져왔다. 음악 시장에서 뮤직비디오가 중요한 마케팅 수단으로 자리 잡기 시작한 것이다.

　MTV를 통해 마이클 잭슨, 마돈나, 듀란듀란, A-ha, 웸 같은 새로운 비디오 스타들이 탄생하였다. 마이클 잭슨의 〈스릴러Thriller〉 뮤직비디오는 비디오 테이프로 미국에서 100만 장 이상 팔려나갔을 만큼 큰 인기를 끌었다. 영화 〈런던의 늑대인간〉의 감독인 존 랜디스가 제작한 이 뮤직비디오는 14분짜리 대작으로 늑대인간과 좀비가 등장하는 액자식 구조로 만들어졌다. 짧은 호러 영화를 본 것 같은 착각을 불러일으킬 만큼 작품성이 뛰어나며, 지금도 최고의 뮤직비디오 중 하나로 언급된다. 감각적인 기법을 환상적으로 사용한 A-ha의 〈테이크 온 미Take On Me〉 뮤직비디오도 빼놓을 수 없는 수작이다. 이 뮤직비디오는 실사와 만화를 합성하는 로토스코핑rotoscoping 기법을 사용하여 현실과 만화의 세계를 넘나들며 두 남녀의 사랑 이야기를 세련되고 감각적으로 표현하였다.

　마돈나의 뮤직비디오는 언제나 많은 논란과 파장을 불러왔다. 마돈나의 뮤직비디오는 선정적인 이미지가 주를 이루고 종교의 신성성을 공격하는 등 도발적인 표현과 주제를 담고 있었다. 하지만 마돈나는 이러한 뮤직비디오를 통해 자기만의 확실한 정체성을 세울 수 있었다.

　현재 MTV의 위상은 많이 추락하였다. 인터넷과 스마트폰이 등장하면서 MTV가 기반으로 하는 케이블TV의 영향력이 약화되었기 때문이다. 이러한 상황에서 MTV는 채널 자체 제작 리얼리티쇼나 드라마, 애니메이션 등 여러 가지 콘텐츠를 제작하면서 종합 엔터테인먼트 채널로 변모하였다. 이제 MTV는 더 이상 음악 전문 채널이 아니다. 하지만 매년 'MTV 비디오 뮤

〈Take On Me〉 뮤직비디오에서 사용한 로토스코핑

직 어워즈'를 통해 그 해의 가장 뛰어난 뮤직비디오를 선정하여 상을 주고 있다.

### 3. 뮤직비디오의 기능

뮤직비디오의 가장 핵심적인 기능은 듣는 음악을 듣고 보이는 공감각적 예술로 만들어준다는 것이다. 사실 뮤직비디오를 감상할 때 우리는 시각적 영상과 음악을 분리해서 감상하지 않는다. 눈으로 보이는 영상을 동시에 귀로 듣는 것 같기도 하고, 귀로 듣고 있는 음악이 시각적으로 보이는 것과 같은 공감각적인 느낌을 갖게 된다. 그러니까 뮤직비디오는 음악에 단순히 영상을 입힌 것이 아니다. 뮤직비디오는 음악이 보이고 영상이 들리는 공감각적 예술이라는 점에서 음악과 영상을 모두 넘어서는 미디어라고 볼 수 있다.

두 번째로, 뮤직비디오는 훌륭한 홍보 수단이 될 수 있다. 뮤직비디오는 뮤지션들이 새로운 음반을 낼 때 대중에게 새 음반을 알릴 수 있는 중요한 홍보 수단이 되고 있다. 특히 얼굴이 잘 알려지지 않은 가수들은 뮤직비디오로 얼굴을 알릴 수 있고, 뮤직비디오 영상 안에 그 가수의 노래뿐만 아니라 스타일, 이미지 등이 함께 홍보되는 효과를 거둘 수 있다. 뮤직비디오는 영화

〈This is America〉 뮤직비디오의 한 장면

의 홍보 수단으로 쓰이기도 한다. 보통 영화 안의 삽입곡을 뮤직비디오로 만들어 알리는 방식을 취한다. 또한 최근에는 뮤직비디오가 광고와 접목되기도 한다. 뮤직비디오 안에 특정 제품을 넣어 가수의 음악과 함께 그 제품의 광고 효과를 노리는 것이다. 2018 러시아 월드컵의 후원사였던 현대자동자가 '마룬 5'와 협업하여 제작한 〈쓰리 리틀 버즈Three Little Birds〉의 뮤직비디오가 대표적인 사례이다. 이 뮤직비디오에는 중간중간에 현대자동차의 친환경 수소전기차인 넥쏘NEXO가 등장한다. 뮤직비디오와 광고를 접목하여 기업은 제품의 광고 효과를 기대할 수 있고, 가수 또한 본인의 이미지와 스타일에 맞는 제품을 선정하여 긍정적인 이미지를 대중에게 전할 수 있다.

마지막으로, 뮤직비디오는 사회적 메시지를 전하는 기능을 하기도 한다. 미국의 팝스타 비욘세는 2016년 〈포메이션Formation〉 뮤직비디오에서 물에 반쯤 잠긴 뉴올리언스 경찰차 위에 올라서며 등장하는데, 얼마 지나지 않아 경찰차는 물에 완전히 잠기고 만다. 이 장면을 두고 영국 일간지 데일리메일은 "비욘세가 2005년 허리케인 '카트리나' 당시 흑인 거주 지역에 대한 경찰의 안이한 대처를 지적한 것"이라고 해석하였다. 2018년 'MTV 비디오 뮤직 어워즈'에서 베스트 감독상을 받은 차일디쉬 감비노의 〈This is America〉의 뮤직비디오는 총기 자유화를 포기하지 못하는 미국 사회, 흑인에 대한 억압과 차별, 미디어에 빠진 채 현실을 비판하는 눈을 잃어버린 미국인들에 대한 비판적 메시지를 표현하고 있다.

## 4. 음악과 이미지 그리고 가사

대부분의 뮤직비디오는 음악과 가사 그리고 이미지 사이에 밀접한 연관성이 있다. 예를 들어, 아이돌 음악 장르에는 댄스 장면이 반드시 들어가며, 학교를 배경으로 멤버들이 교복을 입고 등장하는 경우가 많다. 한편 록밴드의 뮤직비디오에는 무대 공연 장면이 빈번하게 등장한다. 또한 빠른 템포의 음악에서는 장면의 전환이 빠르고 전체적인 색채도 화려하지만, 발라드 곡의 경우에는 장면의 전환이 느리고 색채도 부드러운 톤을 사용한다. 가사와 이미지와의 관계도 마찬가지이다. 뮤직비디오의 영상이 가사에 걸맞은 스토리로 짜이는 경우가 많다. 다음은 가수 자이언티가 부른 〈눈〉의 가사 가운데 일부이다.

(1절) 내일 아침 하얀 눈이 쌓여 있었으면 해요. 그럼 따뜻한 차를 한 잔 내려드릴게요. 계속 내 옆에만 있어주면 돼요. 약속해요.
(2절) 서두르지 마요, 못다 한 얘기가 있어요. 잠이 들고 나면 오늘은 어제가 되어버려요. 계속 내 곁에만 있어주면 돼요. 약속했죠.

노래 가사를 보면, 1절에서는 '약속해요'라고 말하고, 2절에서는 '약속했죠'라고 말한다. 1절에서는 약속의 행위가 현재이고, 2절에서는 과거가 되는 셈이다. 〈눈〉의 뮤직비디오를 보면 어느 겨울날 가난한 한 청년이 고급 호텔에서 가장 비싼 객실을 체크인 한다. 청년은 캐리어에 들어 있던 상자에서 옷을 꺼내 옷걸이에 마치 사람처럼 걸어둔다. 해가 저물자 청년은 멋진 슈트로 갈아입고 옷을 걸어둔 옷걸이와 춤을 춘다. 갑자기 옷은 한 여성으로 변하고, 청년은 사랑하는 그 연인과 이야기를 나누고 차를 마신다. 그리고 잠든 사이 눈이 내리기 시작한다. 청년은 다음 날 아침 일어나 '2001일, 우리 약속처럼 눈이 왔다.'라고 쓴 엽서를 황지우의 시집 〈새들도 세상을 뜨는구나〉에 끼우고 객실의 책들 사이에 꽂는다. 시집의 제목에서 청년이 사랑했던 연인은 아마 이 세상을 뜬 것으로 여겨진다. 청년은 사랑했던 사람과의 약속을 지키기 위해 호텔에서 사랑했던 사람의 옷을 꺼내어 함께 춤을 추고 이야기를 나누었던 것이다. 가사와 관련지어 보면 이 영상은 가난한 청년이 사랑했던 사람과 했던 약속을 그 사람이 죽고 난 뒤에야 실현하는 이야기로 해석된다. 즉 1절의 가사는 과거 청년이 사랑하는 사람에게 했던 약속의 말이고, 2절의 가사는 청년이 죽은 연인에게 과거의 약속이 지금 실현되고 있다고 전하는 말인 것이다. 이처럼 이 뮤직비디오는 노래 가사와 밀접하게 연관되어 마치 한 편의 영화 같은 이야기를 보여주고 있다.

## 5. '뮤직 – 비디오'에서 '비디오 – 뮤직'으로

2012년에 싸이의 〈강남스타일〉이 빌보드 차트 2위에 올랐고, 2018년에는 방탄소년단BTS이 빌보드 차트 1위에 올라 세계의 주목을 받았다. 이제 K-Pop은 세계 대중음악계의 주류로 올라섰다고 볼 수 있다. 오늘날 K-Pop의 이러한 성공에는 여러 가지 요인이 있겠지만, 유튜브와 같은 미디어를 통한 뮤직비디오의 확산이 중요한 역할을 했다는 사실에는 의심의 여지가 없다. 싸이의 〈강남스타일〉이 인기를 얻은 이유 중 하나는 뮤직비디오에서 반복적으로 보여주는 쉽고 재밌는 춤이었다. 전 세계에서 〈강남스타일〉의 춤을 따라하는 영상이 만들어져 업로드가 되었고, 더 나아가 〈강남스타일〉 뮤직비디오를 리메이크한 뮤직비디오 만들기 열풍이 불기도 하였다. 〈강남스타일〉의 세계적 인기는 뮤직비디오를 중심으로 일어났던 것이다.

이제 음악을 CD나 LP와 같은 매체로 듣는 사람은 거의 찾아볼 수 없다. 하물며 MP3 파일로 음악을 듣는 시대도 지나가고 있다. 요즘 청소년은 유튜브에서 뮤직비디오를 검색해 음악을 보면서 듣는다. MTV와 함께 전성기를 누리다 쇠락의 길을 걷던 뮤직비디오는 유튜브라는 새로운 미디어 환경 속에서 화려하게 부활하고 있다. 새로운 미디어 환경은 음악을 감상하는 방식을 근본적으로 변화시키고 있다. 이제 음악은 귀로만 듣는 것이 아니라 뮤직비디오를 통해서 보며 듣는 시대가 된 것이다. 이러한 시대의 변화 속에서 뮤직비디오는 더 이상 음악을 보조하는 역할에만 머무르지 않게 되었다. 예를 들어, 미국의 록밴드 'OK GO'는 자신들의 음악 활동에서 뮤직비디오 제작에 큰 비중을 두는 밴드로 유명하다. 그들의 〈I Won't Let You Down〉 뮤직비디오는 약 2400명의 댄서가 참여했고, 한 달 동안의 사전 리허설과 3일 동안의 현지 리허설을 거쳤다고 한다. 그만큼 음악을 어떻게 보여주어야 하는가가 뮤지션들에겐 점점 더 중요한 문제가 되어가고 있다.

# 미디어로 수업하기

뮤직비디오로 사회적 메시지 표현하기

**1차시** 뮤직비디오 추천하기

오늘날 뮤직비디오는 대중이 음악을 접하는 주요한 미디어가 되었습니다. 가수들은 음악으로 다 표현할 수 없었던 자신의 정체성에 대한 고민이나 음악에 대한 생각을 뮤직비디오 속에 담아내기도 합니다. 뮤직비디오가 가수와 대중이 소통하는 하나의 주요한 수단이 된 것입니다.

**1. 여러분이 좋아하는 가수의 뮤직비디오나 인상 깊게 보았던 뮤직비디오를 다음 예시를 참고하여 정리해봅시다.**

| 가수 | 트와이스 |
|---|---|
| 노래 제목 | What is love? |
| 주제 | 사랑이 궁금한 소녀들의 호기심 |

| 뮤직비디오 관련 내용 | |
|---|---|
| 스토리 | 뻐꾸기시계가 6시를 알리자 트와이스 멤버들이 TV 앞에 모두 앉고, 나연이 리모컨으로 TV를 켠다. 그리고 나연은 〈프린세스 다이어리〉의 주인공이 된다. 나연의 영화가 끝나면 다른 멤버들에게 리모컨이 쥐어지고 영화는 바뀐다. 멤버들은 각기 다른 영화 속의 주인공이 되어 사랑을 체험하게 된다. |
| 이미지 | 〈프린세스 다이어리〉, 〈사랑과 영혼〉, 〈라붐〉 등 영화 속의 유명한 장면들이 패러디되었다. 현실에서 트와이스 멤버들은 파자마 차림으로 등장한다. 사랑을 꿈꾸는 소녀들의 이미지를 표현하기 위해 멤버들이 위치한 현실의 공간은 알록달록하고 밝은 이미지로 구성되어 있다. |
| 가사와의 연관성 | "매일같이 영화 속에서나 책 속에서나 드라마 속에서 사랑을 느껴"와 같은 가사처럼 뮤직비디오 속의 주인공들은 아직 사랑을 하지 못한 소녀들이다. 그리고 이 소녀들은 영화를 보면서 영화 속의 주인공이 되어 사랑을 간접 체험하고 사랑에 대한 꿈을 키워간다. |
| 추천 이유 | 뮤직비디오의 내용이 가사의 내용을 충실하게 반영한 것 같다. 노래의 가사를 뮤직비디오의 이미지로 볼 수 있다는 점이 이 뮤직비디오의 큰 장점이다. 멤버들의 연기가 매우 훌륭하다. 다양한 영화의 명장면을 트와이스 특유의 귀여움으로 어떻게 패러디했는지 살펴보는 것이 관전 포인트이다. |

| 가수 | |
|---|---|
| 노래 제목 | |
| 주제 | |

| 뮤직비디오 관련 내용 | |
|---|---|
| 스토리 | |
| 이미지 | |
| 가사와의 연관성 | |
| 추천 이유 | |

좋아하는 뮤직비디오를 좀 더 분석적으로 살펴보았나요? 뮤직비디오가 어떤 이미지를 사용하고 있는지, 그리고 가사를 어떻게 이미지로 표현하고 있는지를 설명할 수 있다면 뮤직비디오를 읽는 기본적인 능력을 갖추었다고 볼 수 있습니다.

**2. 1번에서 정리한 내용을 모둠 친구들과 함께 나누고 다음의 활동을 해봅시다.**

(1) 친구들이 추천한 뮤직비디오와 자신이 추천한 뮤직비디오 간의 공통점과 차이점은 무
엇입니까?

| | |
|---|---|
| 공통점 | |
| 차이점 | |

(2) 좋은 뮤직비디오는 어떤 조건들을 갖추어야 하는지 함께 생각해봅시다.

나를 비롯한 많은 사람이 좋아하는 뮤직비디오라고 해서 모두 좋은 뮤직비디오는
아닐 것입니다. 하지만 다양한 뮤직비디오를 비교하면서 좋은 뮤직비디오는 어떤 것
인가에 대한 판단을 할 수 있을 것이라 생각합니다. 나아가 자신만의 관점으로 뮤직
비디오를 추천할 수 있다면 여러분은 이미 대중문화를 평할 수 있는 자격을 갖춘 셈
입니다.

3. 아래 예시처럼 뮤직비디오를 추천하는 글을 SNS에 올려봅시다. 뮤직비디오의
일부 장면을 캡처하여 사진을 올리고, 관점을 갖추어 글을 작성하면 됩니다.

**지코-〈오만과 편견〉 뮤비를 추천합니다.**

이 뮤직비디오는 우선 영상미가 매우 빼어납니다. 미국 오리건주에서 촬영되었다고 하는데요, 우리나라에서는 볼 수 없는 광활한 경관을 고스란히 담아내었어요. 〈오만과 편견〉의 가사는 솔직하지 못하고 거짓된 꾸밈으로 사랑을 했던 자신에 대한 후회를 담고 있어요. 사랑하면서 서로에게 진실하게 다가가기가 참 힘들다는 지코의 생각 혹은 경험을 표현하고 있는 것 같습니다. 이 뮤비는 사랑하면서도 서로 어긋나는 두 남녀의 감정을 다양한 이미지로 표현하고 있습니다. 함께 앉아 있지만 두 사람의 시선은 서로 어긋나 있고, 두 남녀는 목적 없이 어딘가를 헤매거나 끝없이 펼쳐진 길 위를 달려가요. 그리고 갈림길 위에서 홀로 서 있는 장면들도 많습니다. 이런 이미지들은 진정한 사랑을 하지 못하는 두 남녀의 괴로움과 외로움을 표현한 것으로 보입니다. 낯선 광활한 풍경을 담아낸 빼어난 영상미와 가사의 내용을 두 남녀 주인공의 행동과 이미지들로 잘 표현했기에 이 뮤비를 강추합니다.

1인 방송이 대중화된 요즘, 뮤직비디오를 있는 그대로 소비하던 사람들이 달라지기 시작하였습니다. 뮤직비디오의 숨은 뜻을 해석해주는 사람들이 등장하면서 '뮤직비디오 해석하기'는 뮤직비디오 소비의 새로운 한 형태가 되었습니다. 유튜브에서는 '드림텔러', '해군수달' 같은 뮤직비디오 해설자들이 활발하게 활동하고 있습니다.

**1. 유튜브 채널 '드림텔러'에서 EXO-CBX의 〈Hey Mama!〉 뮤직비디오 해석을 감상하고 난 뒤 아래의 사항들을 정리해봅시다.**

| | 드림텔러의 분석 정리 |
|---|---|
| 줄거리 | |
| 공간에 대한 분석 | |
| 의상에 대한 분석 | |
| 억압과 통제를 상징하는 기호들 | |
| 팬들과 소통하기 위한 전략 | |

**2. 드림텔러의 해석에 많은 사람이 공감하는 이유는 무엇일지 생각해봅시다.**


드림텔러를 비롯한 많은 사람이 뮤직비디오를 해석하는 콘텐츠를 제작하고 있습니다. 이러한 현상은 사람들이 뮤직비디오에 대해 갖는 관심이 커졌다는 것뿐만 아니라 뮤직비디오가 영상 자체로서 사람들의 관심의 대상이 되었다는 것을 말해줍니다. 다시 말해서, 음악을 향유하는 또 하나의 중요한 미디어로서 뮤직비디오가 자신만의 독자적인 위치를 갖게 되었다는 것입니다. 그래서 뮤직비디오에 숨겨진 의미를 찾아내면서 자신만의 독창적인 해석을 내리고 이를 사람들과 함께 소통하는 새로운 문화가 만들어지고 있습니다. 여러분이 만약 어떤 가수를 좋아한다면, 그 가수의 뮤직비디오에 숨겨져 있는 의미를 찾아내고 사람들과 함께 이야기를 나눠보면 어떨까요. 그 가수에 대한 팬심을 이렇게 창의적으로 가져보는 것도 충분히 의미 있고 재미있는 일이 될 것입니다.


**3. 여러분이 좋아하는 뮤지션의 뮤직비디오 한 편을 감상한 후, 몇몇 장면을 골라 자신만의 독창적인 해석을 시도해보고 친구들과 함께 이야기를 나눠봅시다.**


| 노래 제목 | | | |
|---|---|---|---|
| 선택한 장면 | | | |
| 나만의 해석 | | | |


44

윤종신의 〈그래도 크리스마스〉 뮤직비디오는 2016년 한 해 동안 한국에서 있었던 일
들을 애니메이션으로 묘사해 총망라하고 있습니다. 이 뮤직비디오는 왜 이런 방식으
로 만들어진 것일까요?

1. 〈그래도 크리스마스〉 뮤직비디오를 감상한 후 인상 깊었던 장면 하나를 골라, 그
   장면과 관련된 사건과 인상적인 이유를 이야기해봅시다.

| 고른 장면 | 관련된 사건(사실) | 인상적인 이유 |
|---|---|---|
| | | |

2. 1번에서 고른 장면의 내용은 무엇이고, 그 내용을 어떤 형식을 통해 표현하고 있
   는지 분석해봅시다.

| 장면의 내용 | 장면을 표현하는 형식 |
|---|---|
| | |

윤종신의 〈그래도 크리스마스〉 뮤직비디오처럼 사회적인 메시지를 대중에게 전하는 뮤직비디오도 있습니다. 이 노래는 가사에서도 2016년의 뜨거웠던 거리의 함성을 말합니다. 하지만 짧은 가사로는 다 전할 수 없기에 뮤직비디오의 영상을 통해 보완하고 있는 것입니다. 뮤직비디오와 함께 이 노래를 감상하면 이 노래가 갖는 메시지가 더 풍성하게 다가옵니다.

3. 〈그래도 크리스마스〉 뮤직비디오의 마지막 부분에는 한 뉴스 프로그램의 '앵커 브리핑'이 나옵니다. 앵커 브리핑의 멘트와 인용하고 있는 시(이문재, 〈땅끝이 땅의 시작이다〉)가 이 뮤직비디오의 전체적인 메시지와 어떤 연관이 있는지 생각해봅시다.

우리가 살아가는 사회에서는 다양한 사건들이 일어납니다. 그러한 사건들을 통해 우리 사회가 가진 갈등과 모순을 보게 되기도 하고, 때로는 희망을 발견하기도 합니다. 최근 우리 사회에서 일어난 일들 중에서 여러분의 관심을 끌었던 사건은 무엇이었나요?

**4. 최근 우리 사회에서 일어난 사건들로 새롭게 〈그래도 크리스마스〉 뮤직비디오를 만든다면 어떤 사건을 포함하고 싶나요? 그 사건을 그림으로도 표현해봅시다.**

| 내가 뽑은 사건 |
| --- |
|  |

| 그림으로 표현하기 |
| --- |
|  |

기존의 뮤직비디오를 패러디하여 자기만의 독특한 뮤직비디오를 만드는 사람이 많아졌습니다. 구리여고 학생들이 직접 제작한 '여고앤룰렛'은 조회 수가 300만에 가까울 정도로 큰 관심을 얻었습니다. '여고앤룰렛'은 신입생 홍보 영상으로, 레드벨벳의 〈러시안룰렛〉을 개사하여 새롭게 만든 뮤직비디오입니다. 개사한 가사에는 학교를 홍보하는 내용뿐만 아니라 성적·진로 등에 대한 고민을 재치 있게 담아내기도 하였습니다.

한편 캠페인용으로 만들어진 뮤직비디오도 있습니다. 경기도교육청에서 만든 'SNS 폭력 예방 캠페인' 뮤직비디오는 SNS를 통한 사이버 언어폭력의 심각성을 전하기 위해 만들어졌습니다.

1. 뮤직비디오를 통해 표현하고 싶은 사회적 메시지(주제)에 대해 함께 이야기를 나눠봅시다. 단, 뮤직비디오에 여러분이 직접 출연해야 하기 때문에 청소년과 관련된 메시지여야 합니다.

2. 뮤직비디오의 주제를 정했다면 기존의 뮤직비디오 가운데 하나를 골라 가사를 주제에 맞게 고쳐 써봅시다. 단, 제목이나 가사의 내용이 너무 선정적이거나 폭력적이지 않아야 합니다.

| 원곡 제목 | | 고친 제목 | |
|---|---|---|---|
| 원곡 가사 | | 고친 가사 | |
| 주제 | | 주제 | |

개사한 가사의 내용과 주제를 영상으로 어떻게 잘 표현할 수 있을까요? 처음부터 모든 장면이나 동작을 다 창작하려면 힘이 들 수도 있습니다. 기존의 뮤직비디오에 등장하는 가수들의 안무가 주제나 가사의 내용과 크게 어긋나지 않는다면 그대로 써도 상관없습니다. 또한 기존 뮤직비디오의 스토리, 의상이나 소품 등을 차용하는 것도 괜찮습니다. 중요한 것은 뮤직비디오를 통해 전하고자 하는 메시지를 선명하게 드러내는 것입니다.

### 3. 뮤직비디오 제작 계획을 세워봅시다.

| 역할 분담하기 | • 감독:<br>• 촬영:<br>• 편집:<br>• 배우:<br>• 의상 및 소품: |
|---|---|

| | |
|---|---|
| **뮤직비디오 스토리 짜기** | • 뮤직비디오의 전체 줄거리: <br><br><br><br> • 기존 뮤직비디오에서 차용할 부분: <br><br><br> • 주제를 표현하기 위해 신경 써야 할 부분: |
| **촬영 및 편집 일정 정하기** | • 촬영 일정: <br><br> • 편집 일정: <br><br> • 유의 사항: |
| **공유 계획 세우기** | • 공유할 SNS는? <br><br> • 그곳에 공유하는 이유는? <br><br> • 공유 과정에서 해야 할 일은? <br><br> • 공유 결과는 어떻게 처리할까? |

## 4. 뮤직비디오 콘티를 작성하고 콘티에 따라 뮤직비디오를 만들어봅시다.

콘티 양식 예시

| | 촬영 장면(그림) 및 가사 | 지문, 대사, 촬영 방식 |
|---|---|---|
| S#1 | 가사: | 장면 설명:<br><br><br>촬영 기법: |
| S#2 | 가사: | 장면 설명:<br><br><br>촬영 기법: |
| S#3 | 이하 동일 | |

# 3

# 가상공간에서 소통하기

게임

내가 게임을 통해 전하고 싶은 것은 '살면서 느끼는 감정'이다.

데이비드 케이즈(게임 개발자)

## 1. 게임의 역사

'게임'이라고 하면 먼저 '재미, 중독, PC방, 성적 하락, 친구' 같은 말들이 떠
오를 것이다. 아마 긍정적인 단어보다는 부정적인 단어가 더 많지 않을까 싶
다. 게임에 관한 인식이 많이 좋아졌다고는 하지만, 지금도 게임은 종종 사회
문제의 원인으로 지목된다. 특히 '폭력성' 문제로부터 자유롭기가 어렵다.

처음부터 게임의 폭력성이 문제가 된 것은 아니었다. 게임은 컴퓨터의 발
전 역사와 함께한다. 1950년 당시 컴퓨터 과학자들은 게임을 연구의 일부
로써 사용하였다. 현재와 같이 오직 오락을 목적으로 탄생한 최초의 게임은
1958년 미국의 물리학자 윌리엄 하긴보덤William Haginbothom이 만든 '테니
스 포 투tennis for two'라는 게임이다. 가운데 선(네트)을 중심으로 공을 주고
받는 게임이었다. 이후에도 상대방의 우주선을 파괴하는 '스페이스 워space
war' 등 다양한 게임이 등장했지만 대중적인 인기를 끌지는 못한다. 그러던
중 1972년은 게임의 역사에 획기적인 사건이 발생한 해이다. 최초의 가정용

비디오 게임기인 '마그나복스 오디세이Magnavox Odyssey'가 출시된다. 비록 비싼 가격과 마케팅 실패로 출시 3년 만에 단종이 되지만, 같은 해 출시된 게임 '퐁pong'은 상업적으로 큰 성공을 거두었다. '퐁'은 두 명이 자신의 막대를 움직여서 상대방 영역으로 공을 넘기는 게임으로, 이전 게임과는 다르게 상단에 점수 표시 시스템이 있어 큰 사랑을 받았다.

## 2. 게임의 영원한 꼬리표, 폭력성

1970년대는 가정용 게임기 출시와 퐁의 성공으로 게임 산업이 전반적으로 크게 성장하게 된다. 하지만 1980년대 들어서면 게임 산업이 큰 위기에 처한다. 퐁의 성공으로 게임의 경제적 가치에 눈을 뜬 기업들이 무분별하게 게임 제작에 참여했기 때문이다. 새로운 게임보다는 기존의 게임을 복제하거나 모방하는 게임들이 대부분이어서 이용자들은 게임에 대한 흥미를 잃기 시작했고 게임의 판매량은 급락하였다. 이때 닌텐도Nintendo와 세가SEGA가 등장하여 향후 비디오 게임 산업의 큰 축을 이루는 토대를 이루지만, 전반적으로 1970년대에 비해서 게임 산업은 크게 위축되었다.

하지만 1980년대 후반 특수 효과 기술의 향상과 폭력적인 게임에 대한 적극적인 마케팅으로 게임 산업은 활기를 되찾기 시작한다. 캐릭터만의 고유 기술로 상대방을 쓰러트리는 대전 액션 게임 '모탈 컴뱃Mortal Kombat'은 사실적인 그래픽과 최초의 공중 연속기, 최초의 숨겨진 캐릭터 등 혁신적인 기술들을 선보이며 게임 산업을 부흥시킨다. 여기에 일명 궁극기, 최후의 일격이라 불리는 '페이탈리티fatality'는 큰 반향을 불러일으켰다. 페이탈리티는 상대방을 쓰러트린 후 특정 커맨드, 기술을 입력하면 잔인하게 상대방을 공격하는 시스템을 뜻한다. 공통적으로 피가 튀기는 장면과 함께 상대방의 머리를 날리거나 심장을 꺼내는 잔인한 장면을 연출하며 게임의 폭력성에 대한 논란을 불러일으켰다. 이런 폭력적인 연출은 각종 사회 문제와 청소년 일탈의 직접적 원인으로 지목되었다.

게임의 폭력성에 관한 연구를 요약하자면 '폭력적인 게임을 많이 하게 되면 개인의 폭력성이 증가한다'는 것이다. 다시 말해, 게임으로 한 개인의 성향이 바뀔 수 있다는 것이다. 이를 입증하기 위해서 다양한 실험이 이루어졌다. 미국에서는 60명의 2학년 학생들을 두 개의 집단으로 나누어 한 집단에는 대전 게임을, 다른 집단에는 경주 게임을 하게 하였다(Irwin·Gross, 1995). 이후 쉬는 시간에 아이들의 행동을 지켜보니, 대전 게임을 한 아이들이 훨씬 더 많은 공격성을 표출하였다. 폭력적인 게임을 한 아이들은 상대방의 행동에 부정적인 의도가 있다고 생각하는 경향도 있었다. 예를 들어, 쉬는 시간에 한 아이가 다른 아이에게 부딪힌 행동에 대해 일부러 그 아이에게 부딪혔다고 보는 것이다. 하지만 이런 연구에 대한 비판 또한 만만치 않았다. 우선 결과가 지극히 단기적 효과에 불과하다는 것이다. 폭력적인 게임을 한 뒤에 바로 측정된 결과이기에 아이들은 다소 흥분되어 있는 상태였고, 결국 개인의 폭력적 성향이 변한 것이 아닌 일시적인 상태나 기분이 변했다는 것이다.

여기에 게임의 폭력성 유발을 지지하는 쪽은 다시 소년원에 있는 아이들을 예로 든다. 소년원에 있는 아이들은 또래의 아이들보다 강한 폭력성을 지니고 있는데, 이들의 폭력 게임 이용 및 선호도가 또래의 아이들보다 높다고 주장하였다. 게임이 일시적인 상태뿐만 아니라 아이의 성격에 영향을 주었다는 것이다. 그렇지만 이 주장에도 문제는 있다. 왜냐하면 게임이 아이들의 폭력성을 부추겼는지, 아니면 원래 폭력성이 있는 아이들이 폭력적 게임을 이용하고 선호하는지에 대한 분명한 인과관계를 밝힐 수 없기 때문이다.

근래에는 게임과 폭력성은 전혀 상관이 없다는 연구들도 속속 등장하고 있다. 독일 하노버 의과대학은 4년간 적어도 하루에 2시간 이상씩 폭력적인 게임을 꾸준히 해온 사람들과, 같은 기간 폭력적 게임을 아예 하지 않거나 가끔 한 이들을 대상으로 실험을 실시하였다. 그들에게 '몸에 불을 붙인 사람' 같은 자극적인 그림을 보여주며, 이 상황이 실제로 눈앞에 벌어진다면 어떨지 상상해보라고 하였다. 설문을 통해 이들의 심리 검사를 실시하였고, MRI를 통해 뇌의 변화도 관찰하였다. 실험 결과는 두 그룹 간 차이가 없는 것으로 나타났다. 아울러 게임의 판매량과 폭력 범죄 건수가 반비례하는 것도 게임과 폭력성이 연관이 없다는 주장을 뒷받침한다. 게임이 폭력성을 부추긴다면 폭력적 게임이 많이 팔릴수록 폭력 사건이 증가해야 될 것이다. 하지만 미국 경제잡지 포브스Forbes에 실린 기사(As Video Game Sales Climb Year Over Year, Violent Crime Continues To Fall)를 보면, 폭력 관련 범죄는 게임의 판매량 증가에도 불구하고 계속 떨어지고 있음을 알 수 있다. 즉 우리는 게임 속의 폭력적인 상황과 현실을 분명히 구분할 수 있는 것이다.

　게임의 폭력성 문제는 단순히 결론지을 수 있는 문제가 아니다. 폭력성이 발현되는 원인이 게임 콘텐츠에 있을 수도 있지만, 개인이나 개인을 둘러싼 환경 문제 등으로 다각화하여 바라볼 때 보다 정확하게 판단할 수 있다. 색 안경을 쓰고 게임을 바라보게 되면 게임에 대한 명확한 이해를 방해하고 문제를 악화시킬 수 있다. 게임을 보다 현명하게 사용하기 위해서는 게임에 대한 편견을 버리고 게임을 보다 정확히 있는 그대로 바라볼 필요가 있다.


## 3. 삶의 확장된 공간으로서의 게임

게임을 단순하게 시간 때우기나 흥미를 위한 여가 활동으로 보는 것은 게임을 협소하게 바라보는 것이다. 게임에 대한 시각의 변화는 인터넷 공간을 지칭하는 용어의 변화로도 짐작할 수 있다. 한창 가정용 인터넷이 보급되고 PC방이 우후죽순 생겨나던 1990년대 말에서 2000년대 초에 인터넷 공간은 '사이버 공간, 사이버 세계'로 칭해졌다. 인터넷 공간을 가상의 공간으로 인식하고 현실 세계와 엄연히 구분되는 것으로 생각한 것이다. 인터넷 공간의 익명성은 현실과 다른 정체성을 구현해서 살아갈 수 있는 강력한 장치였다. 그러나 지금은 '사이버 세상'이라는 말을 찾기 힘들다. 그 이유는 우리 삶의 공간을 인터넷을 이용하는 공간과 분리하기가 힘들어졌기 때문이다.

게임도 마찬가지다. 흔히 '컴퓨터 게임' 하면 혼자 가상의 세계에서 즐기는 것으로 생각하지만, 지금의 게임들은 다양한 사람들과 만나 소통하며 문제를 해결해나간다. 이렇게 인터넷상에서 다양한 사람들이 함께 플레이하는 게임을 MMORPGMassive Multiplayer Online Role-Playing Game라고 한다. MMORPG에서는 게임의 정해진 룰에 따라 경기를 진행하는 것에서 벗어나, 게임 이용자들이 자신들만의 문화를 창조하며 살아가는 모습을 볼 수 있다. 단순한 놀이의 공간이 아니라 사람들의 삶의 연장선으로서 다양한 사회적 가치를 배우고 연습해보는 공간으로도 작용할 수 있다. 대표적인 예로 〈리니지 2〉의 '바츠 해방전' 이야기를 들 수 있다.

'바츠'는 〈리니지 2〉의 33개 서버 가운데 제1서버 이름이다. '바츠 해방전'은 바츠 서버를 지배하는 'DK혈맹'에 반발하여 바츠 서버의 이용자들이 연합군으로 맞서 싸운 전투로, 참여한 인원이 20만 명으로 추산된다. 〈리니지〉는 공성전을 통해 성을 차지하게 되면 성주가 되어 서버를 지배할 수 있다. 전쟁에서 승리하여 성주가 되면 서버 이용자에게 세금을 걷고 세율을 조정하는 등 막강한 권력을 행사한다. DK혈맹이 바츠 서버를 지배하게 되자 철권통치를 시작한다. 세율을 높이고 사냥터를 통제한 것이다. 당연히 서버 내 이용자들의 반발이 거세었다. 사냥터를 통제당하면 몬스터와 싸울 기회도 없고, 그러면 레벨 업이 안 되고 좋은 아이템을 얻을 수도 없으며, 돈도 벌수 없기 때문이다. 특히 세율을 10%에서 15%로 올린 것은 치명적이었다. 세금이란 게임의 상점이나 거래되는 모든 물품에 부과되며, 성주는 세금을 통해 전쟁 비용이나 혈맹 관리 비용을 충당한다. 대부분의 아이템을 상점에서 구매하는 저레벨 이용자들(40레벨 이하)에게는 큰 부담으로 다가왔다. 왜냐하면 40레벨 이상 이용자의 아이템은 상점에서 거래되지 않고 주로 이용자간의 거래, 즉 암시장을 통해 이루어졌기 때문이다. 저레벨 이용자들의 불만은 커져갔지만 불만을 표출할 수는 없었다. DK혈맹이 반발하는 이용자들은 즉각 척살하는 '척살령'까지 선포한 상태였기 때문이다.

척살령의 공포와 압제 속에 붉은혁명혈맹 50명이 DK혈맹 소유의 성 가운데 하나를 점령하고 세율을 0%로 하는 사건이 발생한다. 비록 2주 뒤에 제너시스혈맹, 신의기사단혈맹과 연합한 DK혈맹에 의해 진압되지만, 이 사건은 이용자들의 가슴에 불을 지피게 된다. 서버 내의 혈맹들은 본격적으로 '바츠 혁명군'을 결성하여 조직적으로 DK혈맹에 맞섰다. 그러나 바츠 혁명군은 고레벨(65~75)의 DK혈맹에게 상대가 되지 않았고, DK혈맹에 의한 일방적인 도륙전이 벌어졌다. 여기에 바츠 혁명군의 호소문은 다른 서버에 있는 이용자들의 마음을 움직여, 다른 서버의 이용자까지 바츠 전쟁에 합류하게 된다. 바츠 전쟁에 참여하기 위해서는 바츠 서버에서 신규 캐릭터를 만들어야 했기에 그들은 '최저 레벨 1'로 전쟁에 참여한다. 기본 아이템만을 착용한 이들의 모습이 마치 '내

복'을 입은 모습 같다 하여 '내복단'으로 불리며 전쟁에 혁혁한 공을 세운다. 내복단의 참여로 전쟁은 점점 바츠 혁명군 쪽으로 전세가 기울게 되고, 결국 바츠 서버의 수도 격인 아덴성을 함락하고 이날을 '바츠 해방의 날'로 선포한다.

하지만 바츠 해방 전쟁은 결국 실패로 끝을 맺는다. 시간이 지날수록 전리품(아이템) 분배 문제로 인한 바츠 혁명군의 분열, 바츠 혁명군의 도덕적 타락과 내복단을 사칭한 조직들의 등장으로 결국 바츠 혁명군은 DK혈맹에게 패배하고 다시 바츠 서버는 철권통치의 시대로 회귀하고 만다.

2004년 6월부터 2008년 3월까지 약 4년에 걸쳐 바츠 해방전에 참여한 게이머들은 무엇을 느끼고 경험하였을까? 그들은 불합리한 질서에 맞서 함께 연대했고 현실을 바꿔나갔다. 또 한편으로는 자신들이 꿈꾸던 세계의 실현을 앞두고 눈앞의 이익을 쫓다 모든 것이 무너지는 것도 경험하였다. 마치 역사책의 한 페이지에 나올 법한 일들을 직접 체험한 것이다. 그들은 4년 동안 생전 얼굴도 본 적 없는 타인과 의사소통하며, 자신들의 상황에 맞는 다양한 전략과 전술을 운영하였다. 이들에게 '바츠 해방전'은 단순한 여가놀이의 장이 아니었다. 교육적 측면에서 보면 그들은 이를 통해 비판적 사고력, 문제 해결력, 대인관계 능력을 향상시킬 수 있었을 것이다.

지금 이 순간에도 온라인에서는 수많은 사람이 모여 게임을 즐기고 있다. 사람들이 함께하기에 이야기가 오가고 관계가 형성되고 사건들이 발생한다. 그리고 그 안에서 사람들은 무언가를 느끼고 배우고 있다. 우리 삶 안에서 점점 큰 부분을 차지하며 우리 삶의 모습을 더욱 닮아가고 있는 게임을 무조건 죄악시하기보다는, 게임을 삶의 한 부분으로 인정하고 유용하게 이용할 수 있는 방법에 대해 이야기하는 것이 지금 우리에게 필요한 태도가 아닐까 싶다.

가상공간에서 소통하기

## 4. 게임의 장르

'게임은 이것이다.'라고 간단하게 말하기는 어렵다. 워낙 여러 요소들이 어우러져 만들어진 하나의 작품이기 때문이다. 그렇다고 게임에 대해 하나부터 열까지 모두 알아야 하는 것은 아니다. 보다 손쉽게 게임의 본질을 알 수 있는 방법이 있다. 바로 게임의 장르에 대해서 알아보는 것이다. 게임 장르란 게임을 각각의 특성에 맞게 분류한 것이기 때문에, 이 분류 기준을 알면 게임에 대한 이해를 높일 수 있다. 최근에는 하나의 게임에 다양한 장르가 혼합되어 게임의 종류를 딱 떨어지게 나누기가 힘들다. 하지만 게임을 나누는 큰 틀에서 보면, 어느 부분을 조금 더 강조하여 구현했는지 알 수 있다. 게임의 종류에는 크게 '액션 게임, 시뮬레이션 게임, 롤플레잉 게임, 스포츠 게임'이 있다.

우선 액션 게임은 가장 오래된 게임 장르이면서 동시에 가장 많이 발매되고 가장 많이 판매된 장르이다. 아케이드, 격투, FPSFirst Person Shooter(1인칭 슈팅 게임) 등으로 세분할 수 있다. 게임의 내용은 주로 최고의 보스를 찾아 쓰러뜨리거나 상대방을 쓰러뜨리는 것으로, 조작이 상대적으로 단순하다. 게임의 주된 목적은 스트레스 해소라 할 수 있다. 때문에 시원하게 때려 부수는 느낌, 타격감이 중요하다. '슈퍼마리오, 쿠키런, 철권, 오버워치, 서든어택' 등이 대표적인 액션 게임이다.

스포츠 게임은 컴퓨터로 스포츠 종목을 즐기는 방식이다. 축구, 야구, 농구, 하키, 달리기 등 거의 모든 종목을 소재로 한다. 가장 대표적인 스포츠 게임은 EA의 '피파'와 코나미의 '위닝일레븐'을 꼽을 수 있다. 모두 축구를 소재로 한 게임으로, 최근에는 피파가 위닝일레븐보다 인기가 높다. 게임의 그래픽이나 기술적인 면에서 피파가 위닝일레븐에 많이 밀렸지만, EA가 세계축구협회FIFA의 명칭과 로고, 전 세계 국가대표팀 및 프로팀의 명칭, 로고,

초상권을 독점 계약하며 전세는 서서히 역전되기 시작하였다. 이를 통해 중요한 사실 하나를 발견할 수 있다. 스포츠 게임에서는 사실성이 무엇보다 중요하다는 것이다. 스포츠 게임을 하는 사람들은 대부분 현실에서도 스포츠를 즐기거나 관심이 많다. 이들은 컴퓨터로도 실제 스포츠 경기의 즐거움을 원하기 때문에 기술적 측면에서의 사실성 못지않게 실제 선수들로 게임이 구성되었을 때 훨씬 큰 즐거움을 얻게 된다.

RPGRole-Playing Game는 이용자가 하나의 역할을 선택하여 게임을 진행한다. 역할은 보통 HP(체력), MP(마법력), 힘, 민첩성, 지능을 기준으로 전사형, 궁수형, 마법사형 캐릭터 등으로 분류된다. 전사는 근접형 공격에 뛰어나며 주로 높은 HP와 힘을 보유하고 있고, 궁수는 원거리 공격에 특화되어 있으며 높은 민첩성이 특징이다. 마법사는 여러 명에게 피해를 입히는 원거리 공격과 높은 MP 및 지능을 소유하고 있지만 HP가 현저히 낮다. 요즘에는 기본 캐릭터 안에서도 다양하게 세분화된 캐릭터들이 등장하고 있다. RPG의 재미 요소는 환상적인 세계로 떠나는 모험에서 느껴지는 다양한 감정들이다. 중세 시대, 마법과 드래곤이 존재하는 세계 등으로 떠나는 경험은 오직 RPG만이 줄 수 있는 즐거움이다. 다음으로는 레벨 업에서 오는 성취감을 꼽을 수 있다. 자신의 레벨이 오를 때마다 캐릭터가 강해지고, 이에 따라 새로운 곳으로 여행을 가고, 새로운 기술을 쓸 수 있는 것은 우리의 성장 욕구를 적절히 자극하며 즐거움을 준다. 마지막으로 아이템 수집 또한 RPG 게임의 큰 즐거움이다. 요즘에는 많은 게임에서 RPG 요소를 차용하여 캐릭터 특성을 입혀 게임의 재미를 더하기도 한다. RPG 게임으로는 '리니지, 디아블로, 파이널판타지, 세븐나이츠' 등이 있다.

끝으로 시뮬레이션 게임이 있다. 최근 게임들은 다양한 종류가 섞여 있어 그 유형을 잘라 말하기 힘든데, 시뮬레이션 게임이야말로 게임의 다양한 종류를 포괄한다. 왜냐하면 시뮬레이션이란 것 자체가 게임의 속성이기 때문이다. '모의실험'이라고도 번역되는 시뮬레이션은 현실과 비슷한 상태를 가상으로 구현한다는 뜻이다. 게임이란 것 자체가 현실을 기반으로 하나의 가상세상을 창조하는 것이기에 시뮬레이션과 게임은 유사한 뜻을 지니게 된다. 때문에 위에서 언급한 FPS, 스포츠 게임뿐만 아니라 레이싱 게임, 액션 게임 모두 시뮬레이션에 넣을 수 있다. 하지만 게임의 종류로서 시뮬레이션을 말할 때는 '게임의 복잡성'을 주요 특징으로 본다. 게임은 현실을 단순화시켜서 표현한다. 레이싱 게임이라면 가속, 브레이크, 기어 변속 정도로 상황을 단순화시킨다. 하지만 시뮬레이션 게임에서는 복잡성을 높여 구현한다. 단순한 조작뿐만이 아닌 자동차의 각종 부품 상태, 현실과 비슷한 핸들 조작감 등이 세세히 구현된다. 복잡성을 증가시킨 것은 현실을 보다 충실히 반영한 것으로 볼 수 있다. 대표적인 시뮬레이션 게임으로 비행 시뮬레이션 게임, 레이싱 게임인 '그란 투리스모 5' 등이 있다. 또한 전략이 게임의 큰 축을 이루는 전략 시뮬레이션도 있다. 전략 시뮬레이션 게임에는 '스타크래프트, 월드 오프 크래프트WOW, 문명, 심시티, 심즈, 롤러코스터 타이쿤' 등이 있다.

　게임에 관한 문제는 참 복잡하게 보일 수 있지만, 어떻게 보면 단순한 문제이다. 우리 삶에서 게임의 영향력을 무시하고 살 수는 없다. 더욱이 어린이와 청소년에게 게임은 훨씬 더 중요하다. 스마트폰으로 아이들은 더욱 쉽게 더욱 많이 게임을 할 수 있다. 반면에 성인들이 아이들의 미디어 사용을 통제하기는 점점 어려워지고 있다. 이럴 때일수록 게임에 대한 선입견을 거두고 아이들이 게임을 보다 정확히 바라보고 자신의 삶을 윤택하게 할 수 있는 하나의 도구로 활용하여, 게임을 보다 생산적으로 사용할 수 있는 능력을 길러주는 것이 필요하다.

# 미디어로 수업하기

세상과 소통하는 게임 제작하기

**1차시** 나의 게임 이야기

학생들이 게임을 좋아하고 게임에 많은 시간을 쏟는 것은 어제오늘 일이 아닙니다. 그런데 정작 학생들에게 게임에 대해서 물어보면, '재미있다/재미없다'라고 단순하게 대답하고 맙니다. 학생들이 자신의 풍부한 경험을 표현할 수 있으려면 적당한 디딤돌이 필요합니다. 1차시는 게임에 대한 자신의 경험을 다양한 질문들을 통해 살려보는 활동입니다. 이를 통해 아이들은 조금씩 게임에 대한 이해를 높일 수 있게 됩니다.

**1. 여러분이 가장 처음에 접했던 게임은 무엇인가요? 어떻게 그 게임을 알게 되었나요? 어떤 게임이었나요? 그 게임이 재미있는 혹은 재미없는 이유는 무엇이었나요?**

가상공간에서 소통하기

**2. 다음 질문 상자에서 문항을 골라 친구와 대화를 해봅시다.**

---

① 좋아하는 게임을 생각나는 대로 다 말해봅시다.
② 가장 재미없었던 게임은 무엇이었나요?
③ 게임 때문에 부모님에게 혼나거나 친구와 싸운 적이 있나요?
④ 게임으로 친해진 친구가 있나요?
⑤ 게임 아이템을 구매하기 위해 돈을 써본 적이 있나요? 가장 많이 쓴 경우는 얼마인가요?
⑥ 게임에는 어떤 캐릭터들이 나왔나요? 가장 마음에 들었던 캐릭터는 무엇이었나요?
⑦ 게임 배경의 분위기는 어땠나요? 어떤 시기, 어떤 상황이었을 거라고 생각하나요?
⑧ 기타 자유 질문

---

**3. 요즘 가장 즐겨 하는 게임이나 가장 재미있게 했던 게임을 생각해보고 아래 물음에 답해봅시다. 그리고 그 게임을 마인드맵으로 정리하여 소개해봅시다.**

(1) 게임의 종류는 무엇인가요?

| 액션 게임 | 스포츠 게임 | 롤플레잉 게임 | 시뮬레이션 게임 |
|---|---|---|---|

(2) 게임에서 어떻게 승리할 수 있나요?

(3) 게임 조작 방법을 설명해봅시다.

(4) 게임의 캐릭터에 대해 설명해봅시다.

(5) 게임의 배경에 대해서 설명해봅시다.

(6) 게임의 어떤 요소에서 즐거움을 얻을 수 있나요?

(7) 게임의 어떤 요소에서 불쾌함을 느끼나요?

# 마인드맵으로 정리하기

가상공간에서 소통하기

'나의 게임 이야기'가 끝났다면 게임 이슈들에 대해서 살펴봅시다. 게임의 영원한 꼬리표라고 할 수 있는 폭력성입니다. 폭력성에 대한 상반된 기사를 읽고 자신의 생각을 정리해봅니다.

**1. 여러분은 게임을 하면 폭력성이 높아진다고 생각하나요, 아니면 상관이 없다고 생각하나요? 다음 두 글을 읽고 '게임의 폭력성'에 관해 토론해봅시다.**

---

**① 게임은 폭력성을 부추긴다**

반두라의 실험은 게임의 폭력성을 확인할 수 있는 결정적인 실험입니다. 아이에게 한 영상을 보여줍니다. 영상에는 어른이 방에 있는 인형을 때리고 폭행하는 장면이 담겨 있습니다. 이 영상을 본 뒤에 아이는 동일한 상황에서 어떻게 반응할까요? 네, 어른과 똑같이 폭력적인 반응을 보입니다.

게임 역시 마찬가지입니다. 게임에서의 폭력적인 행동은 아이들에게 폭력에 대해 배울 수 있는 기회를 제공하여 결국 아이의 폭력성을 높일 수 있습니다.

이 밖에도 게임이 이용자의, 특히 어린이들의 폭력성을 증가시킨다는 다양한 연구들이 진행되었습니다. 미국에서는 60명의 2학년 학생들을 두 집단으로 나누어 한 집단에는 대전 게임을, 다른 집단에는 경주 게임을 하게 하였습니다. 이후 쉬는 시간에 아이들의 행동을 지켜보니 대전 게임을 한 아이들이 훨씬 더 많은 공격성을 표출하였습니다. 또 폭력적인 게임을 한 아이들은 상대방의 행동에 부정적인 의도가 있다고 생각하는 경향이 있었습니다. 예를 들어, 쉬는 시간에 한 아이가 다른 아이에게 부딪친 행동에 대해 일부러 그 아이에게 부딪쳤다고 보는 것이지요. 또한 소년원에 있는 아이들은 또래의 아이들보다 강한 폭력성을 지니고 있는데, 이들의 폭력 게임 이용 및 선호도가 또래의 아이들보다 높게 측정되고 있습니다.

---

(1) 게임과 폭력성은 어떤 관계에 있다고 했습니까?

(2) 어떤 근거를 들었나요?

(3) 여러분의 생각은 어떠한가요? 자신의 경험을 토대로 말해봅시다.

---

② 게임과 폭력성은 연관이 없다

게임과 폭력성은 전혀 연관이 없습니다. 공격적인 사람들이 폭력적인 게임을 하는 것을 보고 폭력적인 게임이 공격성을 증가시켰다고 합니다. 하지만 잘못된 생각입니다. 게임이 공격성을 증가시킨 것이 아니라 처음부터 공격적인 사람들이 게임의 폭력적 요소를 좋아하는 것입니다. 그리고 게임을 통해 개인의 공격성이나 분노가 풀리고 카타르시스를 경험할 수 있기 때문에 오히려 게임은 공격성을 감소시킬 수 있습니다.

게임과 폭력성은 전혀 상관이 없다는 최근의 연구들도 이를 뒷받침합니다. 독일 하노버 의과대학은 4년간 적어도 하루에 2시간 이상씩 폭력적인 게임을 꾸준히 해온 사람들과, 같은 기간 폭력적 게임을 아예 하지 않거나 가끔 한 이들을 대상으로 실험을 실시하였습니다. 그들에게 '몸에 불을 붙인 사람' 같은 자극적인 그림을 보여주며, 이 상황이 실제로 눈앞에 벌어진다면 어떨지 상상해보라고 하였습니다. 설문을 통해 이들의 심리 검사를 실시하였고, MRI를 통해 뇌의 변화도 관찰하였습니다. 실험 결과는 두 그룹 간 차이가 없는 것으로 나타났습니다. 또한 흔히 폭력적이라 분류되는 게임의 판매량은 점점 증가하고 있지만 폭력 범죄 건수가 반비례하는 것도 게임과 폭력성이 연관이 없음을 보여줍니다.

---

(1) 게임과 폭력성은 어떤 관계에 있다고 했습니까?

(2) 어떤 근거를 들었나요?

(3) 여러분의 생각은 어떠한가요? 자신의 경험을 토대로 말해봅시다.

## 2. 토론 후 게임과 폭력성은 어느 정도 관계가 있다고 생각하나요?

| | | | | | | | | | |
|---|---|---|---|---|---|---|---|---|---|
| | | | | | | | | | |

0 (전혀 상관이 없다)                                        (매우 상관이 있다) 10

게임은 양면성을 가지고 있습니다. 따라서 좋은 점은 살리고 부정적인 면은 줄이려는 노력이 필요합니다.

**1. 아래 제시한 것 외에 게임의 긍정적인 면에는 어떤 것이 있을까요?**

재미   성취감   공동체 참여   가용성   경제성   인지 활동   자기 발견

**2. 여러분은 게임에서 긍정적 요인을 얼마나 느끼고 있나요? (아래에 방사형 그래프 형태로 표시해봅시다.)**

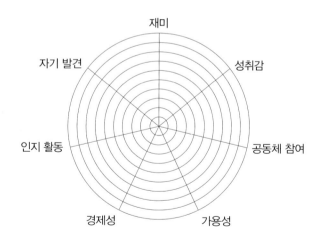

**3. 아래 제시한 것 외에 게임의 부정적인 면에는 어떤 것이 있을까요?**


중독성   폭력성   사행성   제한된 만남   경쟁 유발   비속성   선정성


**4. 여러분은 게임에서 부정적 요인을 얼마나 느끼고 있나요?** (아래에 방사형 그래프 형태로 표시해봅시다.)

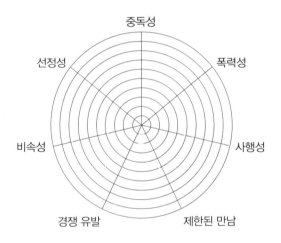

**5. 게임의 긍정적 요인은 충분히 살리고, 부정적 요인들은 배제할 수 있는 게임 이용 규칙을 만들어봅시다.**

가상공간에서 소통하기

우리가 접하는 대부분의 게임은 거대 기획사들이 막강한 자본력과 오랜 시간을 들여 만든 것들입니다. 당연히 실패할 경우 큰 리스크를 안게 되기 때문에 대부분 기존 작품들의 틀에서 크게 벗어나지 않거나, 계속적으로 이용자들이 현금을 결재하는 시스템을 구축하여 오히려 게임을 온전히 즐기지 못하게 합니다. 이런 흐름에 반하여 최근에는 다양한 인디 게임들이 선보이고 있습니다. 인디 게임은 상대적으로 시간과 돈을 적게 들이기 때문에, 실패의 위험 요소가 적고 다양한 시도를 해볼 수 있는 장점이 있습니다. 대표적인 인디 게임으로는 스웨덴 모장(Mojang)의 '마인크래프트(Minecraft)'를 들 수 있습니다.

**\* 예시한 내용과 설명을 참고하여 나만의 게임 제안서를 만들어봅시다.**

게임 제안서 (예시)

**제목: 마인크래프트**
제목은 게임의 특징을 잘 나타내야 합니다. 'Mine'은 '광산, 광산에서 자원을 캐다'라는 뜻이, 'Craft'는 '창조하다, 창조물'이란 뜻이 있습니다. 즉 마인크래프트는 '광산에서 자원을 캐어 창조하다'란 뜻으로 생각해볼 수 있겠습니다.

**게임 개요**

> 네모난 캐릭터, 네모난 바위와 나무, 모든 것이 네모난 블록으로 만들어진 곳에서 땅을 파거나 주변 자연에서 자원을 얻어 건물을 짓는다. 자신이 원하는 건물을 지으며 즐거움을 느끼고, 또 몬스터들이 출현하기 때문에 스릴과 긴장감을 느낄 수 있다. 전략 시뮬레이션과 액션 게임의 요소를 포함한다.

게임 개요에서는 간단히 게임을 소개합니다. 게임이 전반적으로 어떻게 진행되는지와 게임에서 어떠한 재미를 느낄 수 있는지 설명합니다. 또한 게임의 장르를 언급하여 게임에서 무엇을 집중해야 하는지도 설명합니다.

### 재미 요소

- 자신이 원하는 것을 만들 수 있는 자유로움
- 자신의 주변 세계를 자신의 마음대로 만들 수 있는 즐거움
- 멀티플레이를 통해 이용자 간의 다양한 스토리를 만들 수 있는 즐거움

말 그대로 어디에서 이용자들이 즐거움을 느낄 수 있게 하는지에 대해서 생각합니다.

### 게임 캐릭터 및 게임 장면 샘플

게임의 장면 하나를 샘플로 보여줍니다. 정확한 장면 묘사도 좋지만 간단한 스케치로 표현할 수 있습니다. 또한 캐릭터를 보여줄 수도 있습니다.

### 수익 모델

건물을 더 빨리 지을 수 있는 아이템, 더 멀리 여행을 떠날 수 있는 아이템을 유료로 한다.

가상공간에서 소통하기

나만의 게임 제안서

| 제목 | |
|---|---|
| 게임 개요 | |
| 재미 요소 | |
| 게임 캐릭터 및 게임 장면 샘플 | |
| 수익 모델 | |

# 4

# 뉴스와 이미지의 만남

## 카드뉴스

이야기와 이미지가 만나 전하는 재미있는 세상 이야기

모바일 세상 속 새로운 뉴스

## 1. 카드뉴스란?

카드뉴스란 짧은 글과 여러 장의 이미지로 이야기를 전달하는 형태의 콘텐츠를 말한다. 카드뉴스는 파워포인트를 발전시킨 것이라 말하는 사람도 있고, 인포그래픽에서 나왔다고 말하는 사람도 있다. 어찌 됐든 카드뉴스는 핵심적인 내용만 문자로 표현한다는 점에서 파워포인트와 닮아 있고, 전달하려는 내용을 이미지화한다는 점에서 인포그래픽과 닮아 있다.

전통적인 파워포인트가 핵심 내용을 글자를 중심으로 전달하는 경향이 있었지만, 요즘의 파워포인트는 사진과 같은 이미지는 물론 동영상 등을 삽입하여 보다 역동적으로 바뀌는 경향이다. 인포그래픽 또한 애니메이션 기능을 삽입하여 보다 역동적으로 꾸밀 수 있다. 이런 측면에서 파워포인트와 인포그래픽은 서로 보완하면서 가까워지고 있다. 이러한 현상이 모바일 환경에 적합한 뉴스 제작에 반영된 것이 카드뉴스이다.

카드뉴스는 2014년 후반부터 언론사들이 종이신문 대신에 모바일을 통해 뉴스를 보는 독자들을 끌어들이기 위해 이미지 비율을 높인 새로운 뉴스의 형태이다. 일반적인 뉴스와 달리 각 이미지마다 문구가 삽입되어 있어 이미지들을 순서대로 읽는 스토리 형식의 뉴스라고 볼 수 있다. 기존의 텍스트 중심 기사에서 탈피하여 이미지를 통해 전달하고자 하는 정보를 제공하는데, 종이신문이나 모니터에 비하면 상당히 작은 스마트폰 화면의 단점을 보완하기 위해 만들어진, 정보를 효율적으로 제공할 수 있는 방식 중 하나이다. 이를 사용하면 웹상의 기사, 동영상, 통계 자료 등을 스마트폰 화면에서 가독성 높게 정리할 수 있다. 또한 뉴스의 불문율처럼 여겨진 육하원칙, 역피라미드식 구성을 넘어 비교적 자유롭게 스토리텔링을 할 수 있다는 점에서 상당히 파격적인 포맷이라고 할 수 있다.

## 2. 카드뉴스의 장점과 단점

모바일 환경에 적합한 카드뉴스는 일반적인 뉴스와 비교하여 빠르게 정보를 전달하고 쉽게 파악할 수 있다는 것이 장점이다. 또한 영상 뉴스보다 제작이 용이하여 1인 미디어를 통해 누구나 뉴스 생산자가 될 수 있는 현재의 환경에 적합하다. 반면에 이미지로 표현될 수 없는 정보는 누락되기 쉬우며, 표현에 치중하여 내용이 상대적으로 잘 전달되지 못할 수 있다. 또한 누구나 정보를 만들 수 있기에 선동하는 내용이나 거짓 정보가 양산될 우려도 있다.

| 장점 | • 기존 뉴스의 텍스트 정보를 상당량 삭제하거나 단축한 형태이므로 빠르게 요점을 파악할 수 있다.<br>• SNS의 정보 전달 형태와 맞아떨어지므로 인터넷 뉴스보다 호응이 좋다.<br>• 간단한 이미지 편집만 하면 만들 수 있어 영상 뉴스보다 제작이 쉽다.<br>• 누구나 원하면 뉴스를 제공할 수 있어 일반인들의 뉴스에 대한 관심을 높여준다. |
|---|---|

| | |
|---|---|
| **단점** | • 한두 줄로 요약할 수 없는 복잡한 그래프형 자료나 세세한 논거, 사료집은 무조건 삭제될 수밖에 없다.<br>• 빠른 정보 전달과 가독성이 최우선인 포맷이다 보니, 사람들 눈에 들어오기 쉬운 자극적인 문장과 그림이 남기 쉽다.<br>• 근거 없는 선동에 악용될 수 있다.<br>• 과한 요약 때문에 제시된 정보에 대한 충분한 배경지식을 사람들이 학습하지 못한 채 넘어가는 문제가 있다. |

(http://namu.wiki/w/카드뉴스)

## 3. 카드뉴스 제작 과정

카드뉴스의 시각적인 면은 확실히 줄글로 된 뉴스 기사보다 효과적이다. 그래서 사람들이 카드뉴스를 만들 때 어떤 디자인을 넣을까, 어떤 그림을 넣을까 고민한다. 하지만 카드뉴스도 뉴스이므로 디자인적인 요소 이전에 어떤 내용을 담을까를 고민해야 한다. 이런 측면에서 카드뉴스 제작의 절차는 일반적인 글쓰기의 절차와 비슷하다.

카드뉴스 제작 과정

| ① 목표 정하기 | ② 소재 찾기 |
|---|---|
| • 이 카드뉴스를 통해 이루고자 하는 것은?<br>• 이 카드뉴스는 누가 볼까? | • 카드뉴스를 보는 사람의 고민은? |

| ③ 주제 정하기 | ④ 스토리보드 만들기 |
|---|---|
| • 주제가 새로운 정보를 담고 있나?<br>• 주제가 감동적인가?<br>• 주제가 시의적절한가? | • 스토리가 강한 카드뉴스<br> · 서론 – 본론 – 결론<br> · 기 – 승 – 전 – 결<br>• 정보가 강한 카드뉴스<br> · 도입 – 정보1 – 정보2 … 정리 |

뉴스와 이미지의 만남

| ⑤ 도입부 정하기 | ⑥ 퇴고하기 |
|---|---|
| • 인용으로 시작하기<br>• 질문으로 시작하기<br>• 결론부터 제시하기<br>• 육하원칙으로 시작하기<br>• '무엇을'에서 시작하여 '왜'로 | • 중복된 이야기는 없나?<br>• 문장의 길이가 길지 않나?<br>• 쓸모없는 수식어는 없나?<br>• 애매하고 어려운 용어는 없는가?<br>• 맞춤법, 띄어쓰기는 올바른가? |
| ⑦ 제목 정하기 | ※ 클릭하게 만드는 제목 만들기 |
| • 카드뉴스의 이점을 말하기<br>• 읽어야 할 사람 명시하기<br>• 콘텐츠가 필요한 사항 명시하기<br>• 상식을 비틀어 호기심 자극하기 | • 이익이 되는 것을 정확히 명시한다.<br>• 목표를 지칭한다.<br>• 상황에 따른 필요성을 인식시킨다.<br>• 호기심을 자극한다. |

## 4. 읽는 이의 관심을 끌 수 있는 카드뉴스 구성 방법

좋은 소재와 명확한 주제를 가진 카드뉴스라 하더라도 텍스트와 이미지를 어떻게 구성하느냐에 따라 읽는 이의 관심을 끌 수도 있고 그렇지 않을 수도 있다.

그렇다면 읽는 이의 관심을 끌 만한 구성 방식은 무엇일까? 뉴스이기에 우선 전문가의 의견이 중요하다. 또한 가독성을 높이기 위해 질문과 답의 형식으로 구성하는 것도 좋은 방법이다. 카드뉴스 역시 뉴스이기 때문에 유용한 정보는 필수적이다. 또는 자신의 경험을 리뷰하거나 특정한 사례를 연구한 글을 대상으로 하는 것도 사람들의 관심을 끌 수 있다. 또 요즘 사람들의 관심을 반영하여 시간을 줄이는 편리한 도구에 대해 소개하거나, 내용을 정리해주거나, 자신의 상태를 파악하는 체크리스트도 사람들의 관심을 끌 수 있는 형식이다.

| 1 | 전문가 의견 | 전문가의 말로 시작해서, 왜 그런 말이 나왔는지 설명한 후, 이런 의견이 독자에게 어떤 영향을 미치게 되는지 설명한다. |
|---|---|---|
| 2 | 질문과 답 | 독자들이 궁금해할 질문을 잘 선정한 후 그에 대해 답하는 방식으로 시작한다. |
| 3 | 유용한 정보 | 독자들이 궁금해하고 유용하게 쓸 수 있는 정보를 가지고 카드뉴스를 구성한다. 대중에게 물어본 정보를 바탕으로 구성해도 좋다. |
| 4 | 경험 리뷰 | 독자들의 반응이 좋았던 리뷰 등을 바탕으로 카드뉴스를 구성한다. |
| 5 | 사례 연구 | 사람들은 자신의 생각이 사례로 증명되기를 바라는 경향이 있다. 특별한 아이디어나 전략을 세운 사례를 모방하여 구성한다. |
| 6 | 편리한 도구 | 사람들이 시간을 단축하고 편리하게 사용할 수 있는 도구들을 소개하며 카드뉴스를 구성한다. |
| 7 | 핵심 요약 | 핵심 정보를 요약해서 이야기를 구성한다. 주제 또는 어휘를 이해하기 쉽도록 콘텐츠를 구성한다. |
| 8 | 체크리스트 | 사람들은 자신의 선택이나 행동이 올바른 것인지 검증받고 싶어 한다. 특히 전문성을 가진 기준을 알고 싶어 한다. |
| 9 | 통계 자료 | 독자들이 좋아할 만한 주제의 통계 자료를 바탕으로 뉴스를 구성한다. |
| 10 | 하이라이트 | 논란이 많은 주제, 이슈가 되는 주제에 대해 다룬 뉴스를 제작한다. |

## 5. 눈길을 사로잡는 카드뉴스의 4가지 조건

모든 카드뉴스가 사람들의 관심을 받는 것은 아니다. 사람들의 이목을 집중시키려면 크게 다음의 4가지 조건을 충족시켜야 한다.

| | |
|---|---|
| **목적과 타깃이 명확한 카드뉴스** | 누구에게 어떤 내용을 전달하는지가 명확해야 하며, 한눈에 쉽게 알아볼 수 있어야 한다. 또한 독자에게 어떤 이득이 있는 내용을 담고 있는지 확실하게 어필할 수 있어야 한다. |
| **정확한 정보를 담은 카드뉴스** | 핵심적인 정보를 효과적으로 전달하기 위해 메시지는 간결할수록 좋다. 독자에게 이득을 줄 수 있는 필요한 정보여야 하되 근거 있는 정확한 정보여야 한다. |
| **이야기를 담은 카드뉴스** | 가장 많은 참여를 일으키는 카드뉴스는 단연코 스토리텔링 유형이다. 스토리텔링이 많은 사랑을 받는 이유는 사람들이 이야기를 좋아하기 때문이다. |
| **한눈에 들어오는 카드뉴스** | 카드뉴스는 간결하더라도 정보를 직관적이고 효과적으로 전달할 수 있는 디자인이어야 한다. 또한 주제가 디자인과 잘 부합되는지 체크하는 것도 완성도를 결정하는 부분이다. |

– 이수동·송정수, 《인포그래픽 기획과 실전 전략》

# 미디어로 수업하기

---

카드뉴스로 사회적 갈등 해결하기

1차시 서로의 입장 들어보기

1. 이화동 벽화마을의 문제를 다룬 '잉어와 해바라기가 사라졌다'라는 제목의 카드
   뉴스를 인터넷이나 유튜브에서 찾아본 후 '잉어'와 '해바라기'가 왜 사라졌는지
   생각해봅시다.


마을이 유명해지면서 사람들이 몰려들기 시작하니 마을에서 장사를 하는 사람들은
좋았습니다. 하지만 입소문을 타고 많은 사람들이, 심지어 해외에서까지도 벽화마을
을 구경하기 위해 다녀가면서 마을 주민들은 소음과 사생활 침해에 시달리게 됩니
다. 그래서 참다못한 마을의 일부 사람들이 벽화를 지우게 된 것입니다.


2. 짝과 함께 이화동 벽화마을 주민과 관람객의 입장이 되어 역할극을 해봅시다.


3. 같은 이화동 주민이면서도 관광객이 늘어나는 것을 기뻐하는 사람들이 있습니
   다. 이들의 입장을 한번 말해봅시다.

카드뉴스

**1. '이화동 벽화마을'과 유사한 경우를 우리 주변에서 찾아 정리해봅시다.**

우리 모둠에서 찾은 자료

| 자료의 제목 | | |
|---|---|---|
| 자료의 출처 | | |
| 자료의 주요 내용 | | |
| 이화동 벽화마을과 비교 | 공통점 | 차이점 |
| | | |

어떤 일이든 100퍼센트 좋거나 그 반대로 100퍼센트 싫은 일은 별로 없습니다. 모든 일에는 항상 다르게 생각할 가능성이 있다는 말입니다. 그리고 그 가능성이 아무리 적다 하더라도 우리는 다른 생각을 존중할 필요가 있습니다.

**2. '이화동 벽화마을'에 관한 자료와 여러분이 찾은 자료를 바탕으로 공통된 논쟁적인 질문을 만들어봅시다.**

EBS 프로그램인 〈다큐 시선〉 가운데 '그 마을의 속사정' 편은 이화동 벽화마을을 비롯해 서촌, 감천마을 등 이화동 벽화마을과 비슷한 갈등을 겪고 있는 마을들의 속사정을 잘 보여주고 있습니다. 영상을 감상하고 난 후 아래의 활동을 해봅시다.

**1. EBS 〈다큐 시선〉 '그 마을의 속사정' 편에서 확인할 수 있는 갈등의 원인과 그 진행 과정을 정리해봅시다.**

| | |
|---|---|
| 갈등의 원인 | |
| 갈등의 진행 과정 | |

〈다큐 시선〉 '그 마을의 속사정' 편을 보면 갈등만이 아니라 그 갈등을 어떻게 해결할 수 있는지에 대한 해답도 제시하고 있습니다.

**2. 부산 감천마을의 주민 공동체는 갈등 해결을 위해서 어떤 노력을 했나요?**

카드뉴스

3. 감천마을의 주민들뿐만 아니라 관광객이나 정부가 노력해야 할 점이 있다면 무엇인지 짝과 함께 이야기를 나누어봅시다.

4. '잉어와 해바라기가 사라졌다'라는 카드뉴스에는 문제의 해결책이 제시되어 있지 않습니다. 앞서 했던 활동들을 참고하여 문제의 해결책을 제시하는 카드뉴스를 완성해봅시다.

| 1컷에 담을 멘트와 이미지 | 2컷에 담을 멘트와 이미지 |
|---|---|
|  |  |
| 3컷에 담을 멘트와 이미지 | 4컷에 담을 멘트와 이미지 |
|  |  |

뉴스와 이미지의 만남

동일한 문제나 사건에 대해 입장이 다르면 상대를 이해하지 못하고 적대적으로 여기며 갈등이 생겨나게 마련입니다. 이화동 벽화마을에서도 화목했던 마을 사람들의 관계가 벽화에 대한 입장이 달라짐으로써 갈등 관계로 바뀌게 되었습니다.

**1. 모둠별로 학교나 가정, 지역 사회에서 우리가 함께 해결해야 할 문제를 찾아 카드뉴스로 만들어봅시다.**

| | |
|---|---|
| **우리 모둠이 찾은 공동체의 문제** | |
| **문제의 원인과 대립되는 시각** | |
| **대립을 조정하는 모둠의 해결책** | |

| 1컷에 담을 멘트와 이미지 | 2컷에 담을 멘트와 이미지 |
|---|---|
| | |

카드뉴스

| 3컷에 담을 멘트와 이미지 | 4컷에 담을 멘트와 이미지 |
|---|---|
| | |

| 5컷에 담을 멘트와 이미지 | 6컷에 담을 멘트와 이미지 |
|---|---|
| | |

| 7컷에 담을 멘트와 이미지 | 8컷에 담을 멘트와 이미지 |
|---|---|
| | |

| 9컷에 담을 멘트와 이미지 | 10컷에 담을 멘트와 이미지 |
|---|---|
| | |

| 11컷에 담을 멘트와 이미지 | 12컷에 담을 멘트와 이미지 |
|---|---|
| | |

뉴스와 이미지의 만남

2. 만든 카드뉴스를 지역 관공서의 홈페이지에 올린 후 반응을 살펴보고, 아래 항목들에 대해 답해봅시다.

| | |
|---|---|
| 우리 모둠이 올린 곳<br>(누리집 주소나 연계 주소) | |
| 긍정적인 반응을 보인 말 | |
| 도움을 준 말 | |
| 개선이 필요한 사항 | |
| 이 활동을 하고 나서<br>느낀 점 | |

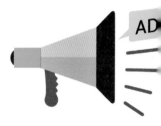

# 5

# 자본주의가 피워낸 예술

광고

간단하게 만들어라, 기억하게 만들어라,

시선을 끌게 만들어라, 재미있게 만들어라.

레오 버넷(광고 전문가)

# 미디어 이해하기

---

## 1. 광고란?

"상품의 지식과 소비자의 요구를 결합시키는 것이 카피라이터의 일이다."

– 윌리엄 번바흐(국제 광고 대행사 Doyle Dane Bernbach(DDB) 창립자)

"광고는 이미지와 말을 사용하여 사람들의 무의식 속에 파고들어가 그들의 눈을 즐겁게 해서 물건을 소비하도록 자극하는 방법입니다."

– 애드위크(미국 광고 전문지)

"광고주가 청중을 설득하거나 영향력을 미치기 위하여 대중매체를 이용하는, 유료의 비면적인 의사 전달 형태"

– 한국광고학회(1994)

자본주의가 피워낸 예술

만약 지금 내가 사용하고 있는 다양한 제품을 팔아야 한다면 가장 먼저 무엇을 해야 할까? 우선 사람들의 관심을 끌어야 한다. 사람들의 욕구를 자극하여 수요를 만들어내야 한다. 상품에 대한 정보와 소비자의 요구를 결합시켜 사람들의 시선을 끌 수 있는 간단하면서도 재미있게 기억되게 하는 장치, 그것이 광고이다.

광고를 뜻하는 영어 'advertising'은 라틴어 'advertere'에서 유래되었으며, 'advertere'는 '~으로 향하게 하다' 또는 '주의를 돌리다'라는 뜻이다. 1655년 영국의 주간지 《Mercurius Politicus》의 신간 도서 광고에 '애드버타이즈먼트 advertisement'라는 말이 쓰였는데, 이후 이 말이 광고라는 의미로 널리 쓰이게 되었다.

물물교환이나 매매가 있는 곳에는 반드시 교환의 당사자 혹은 판매자와 구매자가 존재하게 되는데, 이때에 주로 판매자가 그 의사를 구매자에게 표시하기 위해 하는 모든 활동을 광고의 원초적 형태로 볼 수 있다.


## 2. 광고가 이루어지기 위해서 전제되어야 할 것들

광고가 이루어지기 위해서는 아래 사항들이 전제되어야 한다.

① 광고 행위는 주체가 있어야 한다.
② 광고에는 목적과 목표가 있다.
③ 광고에는 전달하고자 하는 내용이 있다.
④ 광고에는 전달할 대상이 있다.
⑤ 광고에는 내용을 전달할 매체가 필요하다.

우선 광고 행위는 주체가 있어야 한다. 비용을 내고 자신의 제품과 서비스에 대해 알리려고 하는 광고주가 광고 주체라고 할 수 있다. 광고주는 상업적 목적을 가진 주체일 수도 있고, 공익적 목적을 가진 주체일 수도 있다. 상업 광고의 경우는 전자에, 공익 광고의 경우는 후자에 해당한다.

다음으로 광고에는 목적과 목표, 그리고 전달하고자 하는 내용이 있어야 한다. 사람들이 광고를 진행하는 궁극적인 이유는 무엇일까? 무슨 내용을 담을까? 광고의 목적은 첫째, 소비자에게 제품(혹은 공익성을 띤 무엇)을 알리는 것이다. 둘째, 제품에 대한 충분한 정보를 제공하여 제품을 인지시킬 뿐만 아니라 그 제품의 특성, 목적 등을 충분히 이해시키는 것이다. 셋째, 제품의 가치를 믿게 하여 설득하는 것이다. 넷째, 제품 구매 욕구를 발생하게 하고 구입 행동을 취하게 하는 것이다.

광고는 그 목적에 따라 유형이 달라질 수 있다. '제품 광고'는 제품의 판매 촉진을 위해 상품 특성, 디자인, 성능 등을 소개하는 광고이고, '서비스 광고'는 무형의 생산품인 서비스(의료, 관광, 금융, 보험, 항공사, 호텔, 미용 등)에 대한 내용을 알리는 광고이다. '기업 광고'는 기업에 대한 호의적인 이미지와 태도를 고취하기 위한 광고이다. 기업의 경영 방침이나 업적 따위를 일반 대중에게 전함으로써 기업의 입장이나 현재의 상태를 이해하도록 하고, 기업에 대한 좋은 인상을 심어주기 위해 사용된다.

'의견 광고'는 개인이나 단체 또는 NGO 등이 특정한 중요 사항, 사회적 이슈 등에 대한 자신들의 주장이나 의견을 진술하는 광고이다. 의견 광고는 영리 집단 간의 이해관계가 상충되어 불특정 다수에게 피해가 발생할 가능성이 있는 경우, 혹은 이해 집단의 의견을 대변하기 위해 많이 사용된다. '정치 광고'는 후보나 정당이 자신들의 정치적 이해가 관철될 수 있도록 유권자들의 심리나 행동을 유도하는 광고 행위를 말한다. '공익 광고'는 공익성을

　　　　　　　　　　　　　　　　　　자본주의가 피워낸 예술

바탕으로 사회의 개발이나 친선과 복지를 증진시킬 목적으로 제작된 광고이다. 공익 광고는 공공의 이익을 위해 사회적 문제들을 인간 존중의 정신에 따라 사회의 모든 사람에게 알기 쉽고 설득력 있게 호소하는 광고이다. 휴머니즘, 공익성, 범국민성, 비영리성, 비정치성을 기본 이념으로 한다.

광고의 목표는 구체적 수치로 제시되는 경우가 많다. 쉽게 말해 쇼핑몰에서 주력 상품에 대한 매출 증가가 목표라면, 평균 매출액의 30퍼센트 상승이라는 구체적인 수치가 목표가 되는 것이다.

그리고 광고에는 전달할 대상이 있어야 한다. 광고의 대상이 누구인가, 어느 지역인가 등에 따라 광고의 유형이 달라진다.

마지막으로 광고에는 내용을 전달할 매체가 필요하다. 소비자는 매체(미디어)를 사용하는 과정에서 광고를 접하게 되는데, 광고가 실리는 매체에 따라 광고를 다양하게 구분할 수 있다. 인쇄 광고, TV 광고, 라디오 광고, 옥외 광고, DM 광고Direct Mail Advertising, 케이블TV 광고, 인터넷 광고, SNS 광고 등이 그 예이다.


### 3. 광고의 설득 전략

광고는 광고를 보는 사람의 신념, 태도, 행동 등을 변화시키려는 목적을 가진 설득적 표현의 한 유형이기 때문에 다양한 설득 전략을 사용한다. 광고에 사용되는 설득 전략에는 '이성적 설득, 감성적 설득, 인성적 설득'이 있다.

- 이성적 설득: 논리적이고 이성적인 방법으로 화자의 주장을 뒷받침한다.
- 감성적 설득: 소비자의 욕망과 분노, 자긍심, 동정심 같은 감정에 호소하여 마음을 움직인다.

- 인성적 설득: 화자의 사람 됨됨이를 바탕으로 하여 메시지에 신뢰를 갖게 한다.

또한 광고는 다양한 표현 방법으로 소비자를 설득하는 전략을 사용하기도 한다.

- 질문 던지기: 질문을 통해 문제를 제기하고 답을 생각하게 하여 집중도를 높인다.
- 인상적인 문구 활용하기: 궁금증을 불러일으키고 중심 메시지에 집중하게 하여 내용을 강조한다.
- 적절한 모델 내세우기
  - 유명인 모델: 인기와 이미지를 활용하여 제품의 광고 효과를 높인다.
  - 일반인 모델: 대상이나 주제의 대중성을 강화하고 친근한 느낌을 준다.
- 이미지를 만들어 보여주기: 장면을 이야기 형식으로 구성하면 보는 이에게 깊은 인상을 남길 수 있다.

광고가 어떤 목적으로 만들어지고 어떤 것을 목적으로 이야기하고 있는지, 목적을 이루기 위해 어떤 전략을 사용하는지에 대해 비판적으로 이해하는 능력은 오늘날 우리가 갖추어야 할 중요한 역량 중 하나이다.

## 4. 광고에 대한 인식 변화

광고를 바라보는 우리의 인식은 어떠할까? 광고의 효과와 흥미성을 인정하면서도 허위성과 부정적 영향력이 있다는 것에 동의하기도 한다.

우선 광고의 사회적 기능에 관한 논란을 살펴보자. 광고의 사회적 기능을 옹호하는 사람들은 광고가 생산된 상품에 대해 적합한 정보를 갖도록 소비자를 교육하고 합리적인 경제생활을 할 수 있도록 하며, 현대인의 감정·신념·역할 행동 등을 보여줌으로써 사회화의 대리인으로 기능하여 사회 통합에 기여한다고 본다. 그러나 이를 부정하는 입장에서는 광고가 소비자가 원하지 않는 제품의 구매를 강요하게 하고, 특히 구매력이 낮은 소비자층에게 계층 의식을 조장하고 위화감을 유발시킴으로써 계층 간 갈등을 심화시킨다고 주장한다.

광고의 문화적 영향에 대해서는 어떻게 말하고 있을까? 광고의 문화적 영향을 긍정적으로 보는 입장에서는 광고가 예술이자 문화로도 기능하고 문화 산업을 발전시키는 중요한 축이라고 주장한다. 그러나 이를 반대하는 입장에서는 광고에 등장하는 인물이나 대상들을 상징화하고 특히 소수민족이나 여성을 비하하거나 차별하는 내용을 통해 소비자들을 고정관념화 stereotyping하며, 소비자들의 관심을 끌기 위해 자극적인 표현으로 성을 상품화하고 우리 고유의 가치관을 파괴하며 어린이와 청소년에게 나쁜 영향을 미친다고 주장한다.

오늘날 우리는 일상 속에서, 소셜미디어 속에서 수많은 유형의 광고를 만나며 살고 있다. 일상에서 만나는 광고가 전하는 정보를 수동적으로 수용할 것인가, 능동적으로 읽고 소비할 것인가? 나아가 생산까지 할 수 있을 것인가? 그 선택의 기로에서 우리는 무엇을 선택해야 할까?

# 미디어로 수업하기

---

광고를 통해 비판적으로 세상 바라보기

**1차시** 우리 주변 광고가 전하는 이야기 읽기

광고는 대중 소비사회에서 소비자들의 욕망을 자극시키는 핵심 요소입니다. 광고에는 '대중의 소비를 자극하는 의식(욕망)'과 '대중이 재화를 소비하는 의식(욕망)'이 긴밀하게 결합되어 있습니다. 광고 생산자 혹은 광고 소비자들이 지닌 구체적인 욕망과 이념, 가치 체계가 자연스럽게 나타나는 것이 광고이기도 합니다.

그래서 광고는 세상을 담는 하나의 창이기도 합니다. 광고는 강력한 문화적 형식이면서 동시에 시각적 형식이기 때문에 세상에서 일어나는 다양한 장면들이 짧게 압축되어 나타나는 것입니다.

**1. ①~④의 광고가 그려내는 세상의 모습은 어떠한지, 전달하고자 하는 내용이 무**

자본주의가 피워낸 예술

엇인지, 그것이 바르게 전달되었는지, 설득 전략은 무엇인지 등에 대해 빈칸에

적어봅시다. 그림과 함께 표현해도 좋습니다. 별점 평가도 해봅시다.

① 정부 정책 공감 트위터 (2016)

② 국민연금공단 공모전 최우수작 (2010)

65세 때, 어느 손잡이를 잡으시렵니까?

③ 한국생산성본부 – 저출산 극복, 제3회 GTQ 포스터 공모전 금상 수상작 (2014)

④ 영국 런던 지하철에 게시된 다이어트 보조제 상업 광고 (2015)

| ① 정부 정책 공감 트위터 (2016) | ② 국민연금공단 공모전 최우수작 (2010) |
|---|---|
| 별점: ☆☆☆☆☆ | 별점: ☆☆☆☆☆ |
| ③ 한국생산성본부 – 저출산 극복, 제3회 GTQ 포스터 공모전 금상 수상작 (2014) ||
| 별점: ☆☆☆☆☆ ||

자본주의가 피워낸 예술

별점: ☆☆☆☆☆

별점 기준

- 목적에 맞는 설득 전략을 효과적으로 사용했는가?

- 광고에 사용된 문구와 내용이 의도에 잘 부합하는가?

- 광고에 사용된 사진이나 이미지가 적합한가?

- 보는 이에게 깊은 인상을 주었는가?

- 내용이 창의적인가?

- 신뢰할 만한 내용인가?

공익 광고가 '공공의 이익'을 대변하지 못하는 경우도 종종 있습니다. '공공의 이익'이 아니라 편협하거나 잘못된 관념을 전파하는 도구가 되기도 하는 것이지요. 특히 정부에서 정책 홍보를 위해 블로그나 SNS를 운영하기 시작하면서 문제가 되는 경우도 많아졌습니다. 앞에서 살펴본 ①의 경우가 이러한 예에 속한다고 할 수 있습니다. ④는 상업 광고에 속합니다. 상업적인 광고 역시 제품 판매를 위한 설득에만 몰두한 나머지 편협하거나 잘못된 관념을 전파하는 도구로 전락하곤 합니다.

**2. 가볍게 읽었던 광고를 '비판적 읽기'의 관점에서 다시 꼼꼼하게 살펴봅시다.**

| ① 정부 정책 공감 트위터 (2016) |
| --- |
| • 생산한 주체는 누구인가요?<br><br>• 어떤 사회적·문화적 상황 속에서 생산되었나요?<br><br>• 누구의 입장이나 이익을 대변하고 있나요?<br><br>• 위에서 답한 대상 때문에 어떤 사람들이 불편하거나 불이익을 당할까요?<br><br>• 새롭게 광고를 만든다면 무엇을 이야기하고 싶은가요? |

| ④ 영국 런던 지하철에 게시된 다이어트 보조제 상업 광고 (2015) |
| --- |
| • 생산한 주체는 누구인가요?<br><br>• 어떤 사회적·문화적 상황 속에서 생산되었나요?<br><br>• 누구의 입장이나 이익을 대변하고 있나요?<br><br>• 위에서 답한 대상 때문에 어떤 사람들이 불편하거나 불이익을 당할까요?<br><br>• 새롭게 광고를 만든다면 무엇을 이야기하고 싶은가요? |

자본주의가 피워낸 예술

* 다음은 1차시에 제시한 광고들을 비판적으로 읽은 사례들입니다. 여러분의 생각
  과 아래 제시한 사례의 생각들을 정리해봅시다.

@hellopolicy 1년차 새댁도 출근하느라 바쁩니다.
공식 정책 홍보 채널에서 이렇게 시대착오적인 편
견을 당당히 드러내다니, 이 트윗의 문제를 모르는
분들이 세금으로 뭘 하고 있을지 걱정이네요.
명절은 가족이 함께 만드는 날입니다.

2016년 2월 1일 오전 10:58

 68   ♥ 12

@hellopolicy '명절 준비, 장보기, 선물 고르기'
단어들이 전부 '새댁'이랑 '경험 많은 어머니'로
향하고 있잖아. 명절 앞두고 하는 광고들이라고
어떻게 남편 캐릭터가 나와서 해결하고자 노력
하는 모습은 1%도 안 보이냐

2016년 2월 1일 오전 11:02

    1

**"명절 준비는 부인만 하나!" 좋은 정보 가지고도 홍보 못하는 정책 공감 트위터**
정부가 운영하는 '정책 공감 폴리씨' 트위터에 여성 네티즌들이 잔뜩 뿔이 났습니다. 이 트
위터는 지난달 27일 "명절맞이 준비, 이미 시작하신 분들 많으시죠?"라면서 "1년차 새댁
의 똑! 소리나게 '선물 고르는 법'과 '장보기 팁'을 소개합니다."라는 게시물을 올렸습니다.
(중략)
이 게시물에는 사회적기업과 농산물 직거래 장터, 로컬푸드 직매장 등에서 명절 상품을

구입할 수 있는 알찬 정보를 담고 있습니다. 하지만 일부 여성 네티즌들은 SNS와 인터넷 커뮤니티에서 '왜 명절 준비를 여성만 해야 하는 것처럼 적었나', '블로그 카테고리도 부부가 아니라 여성', '좋은 정보를 이렇게 소개하니 역효과가 나는 것' 등 볼멘소리를 내놨습니다. 평소 정책 공감 블로그는 실생활에 유용한 정보가 많습니다. 하지만 '정책'보다 '공감'에 더 포커스를 맞추는 SNS 홍보가 필요해 보입니다.

– 쿠키뉴스, 조현우 기자(2016년 2월 1일자)

많은 사람들의 문제 제기로 어떤 변화가 일어났을까요? 우선 정책 공감 트위터의 경우, 담당 기관에서는 해당 내용을 왼쪽과 같이 바꾸었습니다.

그리고 '영국 런던 지하철에 게시된 다이어트 보조제 상업 광고'로 논란이 일었던 영국에서는 정부, 지자체, 기업이 함께 움직였습니다. 당시 영국 시장이었던 칸은 "시민들이 자기 몸을 부끄러워하게 만드는 광고를 금지하겠다."라고 밝혔고, 런던 교통국에 광고조정팀을 만들어 광고 정책을 재검토하도록 지시했습니다. 또한 미용용품 업체인 도브는 '일반인스러운' 몸매의 여성들이 수영복을 입고 있는 사진에 "그래, 우리는 해변의 몸매를 준비했다(Yes, We are beach body ready)."라는 문구를 담은 반박 광고를 만들기도 했습니다.

자본주의가 피워낸 예술

| | |
|---|---|
| 무엇을<br>비판했나요? | |
| 그래서 무엇을<br>바꾸었나요? | |
| 이에 대한<br>나(우리)의 생각 | |

매체(미디어)를 생산하고 소비하는 일은 디지털 시대의 일상이 되었습니다. 여러분의 일상을 돌아보세요. 여러분은 주로 매체 소비자였나요, 아니면 생산자였나요? 광고 소비자였던 여러분은 광고를 그대로 수용하며 소비했나요, 주체적으로 비판하며 소비했나요? 광고 생산자였던 여러분은 신변잡기적인 일상만 담아냈나요, 여러분이 사는 세상도 담아냈나요?

**\* 가장 관심 있는 영역에서 자신의 눈으로 세상을 보고, 세상에 대한 이야기를 담아 새로운 이야기를 광고로 만들어봅시다.**

| 광고를 비판적으로 읽고 새로운 광고 만들기 | | | |
|---|---|---|---|
| 학년 반 번 / 이름: | | | |
| **내가 본 광고 제목** | | | |
| **광고 내용** | | 나 | 우리 모둠(혹은 짝꿍) |
| | 인물 | | |
| | 배경 | | |
| | 사건 | | |
| | 주제 | | |
| | 기타<br>( ) | | |

| | |
|---|---|
| 비판적으로 광고 읽기 | • 생산한 주체는 누구인가요?<br><br>• 어떤 사회적·문화적 상황 속에서 생산되었나요?<br><br>• 누구의 입장이나 이익을 대변하고 있나요?<br><br>• 위에서 답한 대상 때문에 어떤 이들이 불편하거나 불이익을 당할까요? |
| 비판적 읽기의 결과를 어디에 말할 수 있을까요? | |
| 모둠원 이름 | |
| 비판적 광고 읽기 결과를 바탕으로 우리가 다시 만드는 광고 | • 광고 제목:<br><br>• 다시 만드는 이유:<br><br>• 우리가 새롭게 만드는 광고의 제목: |
| 어떤 매체를 활용하는 광고를 만들 것인가요? | • 인쇄 광고 – ☐신문, ☐잡지, ☐전단 광고<br>• 전파 광고 – ☐TV 광고, ☐라디오 광고 등<br>• 옥외 광고 – ☐전광판 광고, ☐현수막 광고, ☐에드벌룬 광고<br>• 교통 광고 – ☐철도, 지하철, 전철, 버스 등에 실리는 광고<br>• 온라인 광고 – ☐인터넷을 이용한 광고 |

| 어떤 설득 전략을 사용할 것인가요? (필요한 것 선택하기) | 감성적 설득 전략 | | 이성적 설득 전략 | |
|---|---|---|---|---|
| | 인성적 설득 전략 | | 표현 방법으로서의 설득 전략 | |

다시 만드는
광고의
스토리보드를
만들어봅시다.

자본주의가 피워낸 예술

| | |
|---|---|
| **광고를 만들 때 무엇이 필요할까요? (프로그램, 어플 등)** | |
| **역할을 나누어봅시다.** | |
| **새롭게 만든 광고를 어디에서 누구와 왜 공유하고 싶나요?** | • 공유하고 싶은 곳(신문, 잡지, SNS 등)은?<br><br>• 공유하고 싶은 대상은?<br><br>• 공유하려는 주된 이유는?<br><br>• 공유하기 위해 해야 할 일은? |

# 6

# 스크롤로 펼치는 만화

웹툰

만화는 탈것으로 얘기하면 제트코스터, 먹을 것으로 말하자면 불량 과자.

아무리 타도 목적지에 도착하지 않고, 아무리 먹어도 영양가가 없는,

읽을 때 그때만 좋으면 되는 것이다.

이타가키 케이스케(만화작가)

# 미디어 이해하기

## 1. 웹툰의 시대

요즘은 웹툰 작가를 꿈꾸는 아이들이 꽤 많다. 한동안 만화 시장은 침체기였는데, 인터넷이라는 미디어를 만나 탄생한 웹툰은 지금 1조 원에 가까운 시장 규모를 가지고 있다고 한다.

웹툰은 어느새 문화 시장의 강자로 자리매김했으며, 독자들에게 사랑받은 작품들은 영화나 드라마로도 제작되고 있다. 윤태호 작가의 〈이끼〉, 〈내부자들〉은 영화로 만들어져 성공을 거두었고, 〈미생〉은 드라마로 제작되어 많은 사랑을 받았다. 그 외에도 〈신과 함께〉, 〈강남 미인〉, 〈김 비서가 왜 그럴까〉, 〈계룡 선녀전〉 등이 웹툰을 원작으로 한 영화나 드라마이다.

## 2. 만화의 흑역사

한때 만화는 어린아이들이나 보는 유치한 것이란 인식이 지배적이었다. 만화

책을 보고 있으면 부모님이나 선생님에게 쓸데없는 데 시간을 낭비한다며 면박을 당하기 십상이었다. 지금의 부모님이나 선생님도 그러실까? 하지만 분명한 사실은 지금의 부모님이나 선생님도 어른들 몰래 만화를 보면서 키득거렸던 시절이 있었다는 것이다.

과거에는 《보물섬》 같은 만화 잡지들이 있었다. 다양한 만화를 연재 형식으로 실었었다. 〈아기공룡 둘리〉, 〈달려라 하니〉, 〈날아라 슈퍼보드〉 등 많은 작품이 이러한 만화 잡지를 통해서 독자에게 사랑을 받았다. 1990년대에는 일본 만화들이 우리나라에 들어오게 된다. 〈드래곤볼〉, 〈북두신권〉, 〈H2〉, 〈슬램덩크〉 같은 일본 만화들이 우리나라의 만화 시장을 독식하였다. 특히 일본 만화에 빠진 청소년이 많아지자 만화에 대한 부정적인 편견은 더욱 심해진다.

하지만 만화의 시작은 결코 가볍지 않았다. 19세기 프랑스에서는 오노레 도미에가 당시의 정치가, 법률가, 자본가 들을 비판하는 풍자만화를 그렸다. 우리나라 최초의 만화는 그보다 더 진지하였다. 1909년 대한민보에 우리나라 최초의 만화가 실렸다. 한일강제병합이 되기 전까지 1년 동안 대한민보에는 점점 야욕을 드러내는 일제와 친일파에 대한 풍자만화가 실렸다. 만화가 저항 문학 못지않은 사회적 목소리를 내었던 것이다. 신문에 실리는 풍자만화는 지금까지도 굳건하게 그 위치를 차지하고 있다. 1950년대부터 50년간 독자와 함께한 김성환 화백의 〈고바우 영감〉은 너무나도 유명하다.

저급하게 여겨지던 만화에 대한 생각을 바꾼 작품이 있다. 아트 슈피겔만의 〈쥐〉는 퓰리처상을 받은 작품으로, 아우슈비츠에서 생존한 한 유대인의 이야기를 들려주고 있다. 이 작품은 유대인을 쥐, 독일인을 고양이, 그리고

나머지 인간들을 돼지로 표현하여 한 시대의 참극을 생생하게 묘사하고 있다.

나카자와 케이지의 〈맨발의 겐〉은 원폭 투하로 지옥이 되어버린 히로시마의 모습을 그려내며 반핵의 메시지를 강렬하게 표현하였다. 선천성 청각 장애와 발달 장애까지 안고 태어난 케이코의 성장을 그려낸 야

마모토 오사무의 〈도토리의 집〉은 만화라는 장르가 얼마나 많은 것을 표현해낼 수 있는지를 잘 보여준 명작이라고 할 수 있다.

만화는 인터넷이라는 새로운 플랫폼을 만나 이제 웹툰으로 사람들과 만나고 있다. 사람들은 스마트 폰을 통해 '일상, 개그, 판타지, 액션, 순정' 등 다양한 장르의 웹툰을 즐기고 있다. 웹툰의 파급력 때문인지 최근에는 기업들이 자기 브랜드를 웹툰으로 제작하기도 하고, 학생들이 재미있게 공부할 수 있도록 학습서들이 학습 만화나 웹툰으로 제작되고 있기도 하다. 바야흐로 만화와 웹툰의 시대라 할 만하다.

### 3. 만화란 무엇인가?

미국의 만화가 스콧 맥클라우드는 만화를 "수용자에게 정보를 전달하거나 미학적 반응을 일으키기 위해서, 의도된 순서로 병렬된 그림 및 형상들"이라고 정의하였다. 만화는 연속된 칸의 배열을 통해 이야기를 전달하는 매체라는 말이다.

스크롤로 펼치는 만화

#.영원히 고통 받는 기말

이제 공부 좀 해 볼까?

하암

〈대학일기〉라는 웹툰으로 유명한 자까의 작품이다. '영원히 고통 받는 기말'이라는 제목의 이 에피소드는 총 2컷으로 구성되어 있다. 첫 번째 컷에서 인물은 결연한 의지로 시험공부에 임하겠다는 각오를 다진다. 그리고 그다음 그림을 보면, 첫 번째 컷에서 인물의 손에 들려 있던 펜이 책 위에 놓여 있다. 대신 인물의 손에는 스마트폰이 쥐어져 있다. 스마트폰의 화면은 푸른색이 입혀져 있고 우리는 그가 페북질을 하고 있다는 것을 알 수 있다. 이 연속된 두 그림을 통해 독자는 시험공부에 의욕을 보이던 인물이 얼마 가지 않아 결국 스마트폰을 보며 놀게 되었다는 변화를 읽게 된다. 그런데 사실 두 그림 사이에는 아무런 정보도 없다. 그렇다면 독자들은 어떻게 자연스럽게 두 그림의 맥락을 읽을 수 있었을까? 스콧 맥클라우드는 만화에서 칸과 칸 사이의 공백은 독자가 메우게 된다고 말한다. 만화가가 칸들을 연속적으로 배치하며 의도한 의미는 독자가 칸들 사이의 공백을 논리적으로 채워가며 읽을 때 완성된다는 것이다. 그렇게 보면 만화는 어느 미디어보다 독자들의 상상력과 논리적 구성력이 요구되는 미디어라고 할 수 있다.

## 4. 카툰 화법이란?

만화의 가장 큰 특징 중 하나는 '카툰 화법'이라고 할 수 있다. 카툰 화법이란 대상을 단순하게 그려 전달 효과를 높이는 화법(畵法)이다. 예를 들어 우리에게 친숙한 찰리 브라운, 꺼벙이, 진구를 떠올려보자. 이 인물들은 모두 초등학생 정도의 어린아이다. 얼굴에는 눈, 코, 입 등이 단순하게 그려져 '귀여운 아이의 얼굴이구나.' 하는 정도만 파악할 수 있을 뿐이다. 찰리 브라운의 경우 머리카락이 하나밖에 없다. 현실엔 이렇게 생긴 인물들이 존재하지 않는다. 사실성의 측면에서 보자면 이런 화법은 형편없다고 볼 수 있다. 하지만 이러한 단순한 재현이 만화의 가장 큰 특징이자 장점이라고 볼 수 있다. 스콧 맥클라우드는 대상을 단순하게 그리는 이유는 독자의 몰입이 더 쉽게 일어나기 때문이라고 설명한다.

만약 진구가 현실적인 한 아이의 모습으로 그려진다면 진구가 갖는 개별성이 도드라져서 쉽게 감정 이입하기가 어려워진다는 것이다. 단순하게 표현할수록 대상이 지니는 사실성과 개별성은 떨어지지만, 대상을 일반성과 보편성을 지닌 존재로 표현하는 것이 가능해진다. 즉 진구라는 캐릭터는 겁이 많고 소심한 어린아이의 일반적이고 보편적인 특성을 지니고 있고, 그래서 우리는 진구에게 애정을 느끼면서 감정 이입을 할 수가 있다는 것이다.

만화가 갖는 또 다른 특징은 그 어떤 미디어보다 자유롭고 기발한 표현기법을 많이 가지고 있다는 것이다. 만화는 기본적으로 관념적인 기호들로 표현된다. 이는 매우 다양하고 자유로운 표현을 가능하게 한다.

다음의 첫 번째 만화에서는 긴박한 농구 경기의 움직임을 '동작선'을 통해서 표현하고 있다. 감정의 경우 다양한 상징 기호를 사용하는데, '잠'은 코에서 나오는 방울로, '분노'는 날카로운 이빨과 솟구친 머리카락 그리고 귀에서 내뿜어지는 연기로 표현될 수 있다. 두 번째 만화에서는 떡갈비를 본 소

〈슬램덩크〉

〈오무라이스 잼잼〉

〈RAIN〉

년의 감정을 하트 눈, 입 아래 흐르는 침을 통해 표현하고 있고, 말풍선의 모양에 변화를 주어 떡갈비의 크기에 놀라는 감정을 표현하고 있다. 감정을 더 개성 있는 상징을 통해서 표현할 수도 있다. 세 번째 그림은 한 컷짜리 일러스트인데, 인물의 마음 풍경을 비라는 상징 기호를 통해 표현하고 있다.

웹툰이 출판 만화와 가장 다른 매체적 특성은 스크롤을 통해서 만화를 지각하게 된다는 점이다. 인쇄된 만화책을 볼 때 우리는 칸의 연속적 흐름을 페이지를 넘기면서 경험하게 되지만, 웹툰은 '세로 스크롤'을 통해 장면의 연속을 경험한다. 그래서 웹툰은 세로 스크롤의 속도에 맞추어 편집된다. 기존의 만화가 '칸'이라는 제한 속에서 절제된 속도로 읽기가 이루어진다면, 웹툰은 깊숙이 들여다보는 것이 아니라 스크롤의 속도에 맞추어 빠른 읽기가 이루어지는 것이다. 또한 웹툰은 기존의 만화와 달리 시간 연출이 더 자유롭다. 시간의 지속을 표현하기 위해 출판 만화는 칸을 하나 더 집어넣거나 하는 식으로 표현하지만, 웹툰은 칸을 세로로 길게 늘이면 된다. 독자는 스크롤을 내리면서 그 시간성을 느낄 수 있는 것이다.

# 미디어로 수업하기

---

### 만화로 억압 없는 세상 꿈꾸기

**1차시** 웹툰에 담긴 이야기와 인물 읽기

'기안84'의 출세작 〈패션왕〉은 찌질한 고등학생이었던 우기명이 패션왕이 되는 과정을 그린 작품입니다. 〈패션왕〉의 첫 번째 에피소드를 보고 난 후 다음의 활동을 해봅시다. (인터넷 검색창에서 '웹툰 패션왕'을 검색하면 1화부터 7화까지는 무료로 감상할 수 있습니다.)

**1. 웹툰 〈패션왕〉 1~2화를 감상하고, 이야기 내용을 정리해봅시다.**

> 우기명은 학교생활이 따분하다. (우기명은 변화를 원한다.)

↓

스크롤로 펼치는 만화

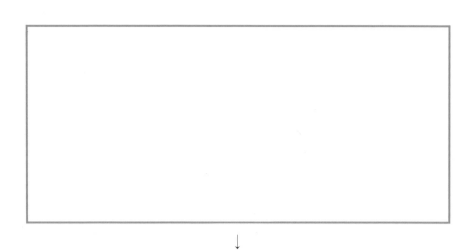

↓

우기명은 멋진 남자(패션왕)가 되기로 결심한다.

이 에피소드는 우기명이 학교생활에 따분해하다가 패션왕이 되기로 결심하면서 끝이 납니다. 그리고 그 과정에서 우기명은 작은 좌절을 맛보지요. 본래 영웅은 시련을 거쳐 탄생하는 법. 그 작은 좌절들이 우기명을 단련시키고 진정한 패션왕의 길을 걷게 합니다. 그렇다면 우기명을 좌절시켰던 것은 무엇일까요? 우기명과 박혜진이 속한 세계는 너무나도 달랐고, 우기명은 두 세계 사이에 놓인 굳건한 벽을 간과했던 것입니다. 같은 나이이고 같은 반이지만 우기명과 곽은진, 그리고 박혜진과 김원호는 서로 다른 세계를 살아가고 있습니다.

2. 〈패션왕〉은 우기명과 곽은진, 박혜진과 김원호의 세계를 서로 대립되는 이미지들로 그려내고 있습니다. 다음의 빈칸을 채우면서 각 인물들의 이미지를 정리해 봅시다.

| 인물 | 생김새 | 성격 | 패션 | 관련된 이미지 |
|---|---|---|---|---|
| 우기명 | 안경을 썼으며 못생겼음<br>단정한 짧은 커트 머리 |  |  | EBS 청소년 드라마 |
| 곽은진 | 뿔테 안경을 쓰고 못생겼음 | 공부를 열심히 함 | 교복 동복 | 사우스(짭)<br>교실 앞쪽 자리 |
| 김원호 | 잘생김<br>슬림한 몸매 | 자신감이 있고, 얼짱의 볼을 잡으며 "만두 같은 게."라고 말할 정도로 짓궂고 장난기가 많음 | 비싼 패딩 | 인터넷 소설<br>유쾌하고 재밌는 일상 |
| 박혜진 | 인터넷 얼짱 | 거침없이 욕을 함<br>자신이 예쁘다는 사실을 잘 아는 듯함 | 비싼 패딩<br>짧은 교복 치마 | 교실 뒤쪽 자리 |

우기명·곽은진의 세계와 김원호·박혜진의 세계의 대립은 상반되는 이미지로 재현됩니다. 즉 우기명·곽은진은 '찌질한 이미지'로, 김원호·박혜진은 '간지 이미지'로 그려지지요.

## 3. 〈패션왕〉에서의 '찌질함'과 '간지'에 대해 한번 정리해봅시다.

| | |
|---|---|
| **찌질함** | 〈패션왕〉의 세계에서 곽은진은 '찌질하고 못생긴 루저'일 뿐이다. 그녀는 '멋이 없기' 때문이다. 못생긴 곽은진은 사막 위에 있고 꾸역꾸역 사막의 질서를 유지하고 따르는 존재이다. 그녀는 노예일 뿐이며 노예는 아름다울 수 없다. |
| **간지** | |

우기명이 패션왕이 되기로 결심한 것은 바로 찌질한 인간이 아니라 간지 나는 인간이 되겠다는 선언입니다. 우기명에게 패션이란 단순히 멋지게 옷을 입는 것뿐만 아니라, 뭔가 더 나은 인간이 되기 위한 과제이자 목표입니다.

우기명의 라이벌은 김원호라고 할 수 있습니다. 김원호는 '간지'의 대표적 인물이지요. 우기명에게 김원호는 선망의 대상이자 박혜진 옆에 있는 존재라는 점에서 질투와 시기의 대상이기도 합니다. 〈패션왕〉은 만화적인 재현 방식을 통해서 김원호의 간지를 극대화하여 표현하고 있습니다.

**1.** 제시한 컷들을 보면서 〈패션왕〉에서 김원호의 간지를 어떻게 재현하고 있는지 함께 분석해봅시다.

| | 인물을 바라보는 각도 | 인물 아래에서 인물을 올려다보는 로우앵글(low angle)과 피사체 위에서 피사체를 내려다보는 각도인 하이앵글(high angle)을 연결하여 재현. 김원호가 가진 외적 아름다움과 자신감을 표현하고 있다. |
|---|---|---|
| | 음성 상징어 | |
| | 보조선 | |
| | 누구의 시선으로 본 것인가? | |

**2. ⟨패션왕⟩이 우기명의 찌질함을 어떻게 재현하고 있는지, 아래의 3컷을 통해 분석해봅시다. (우기명이 짭(짝퉁)을 입었다가 아이들에게 망신을 당하고 있는 상황)**

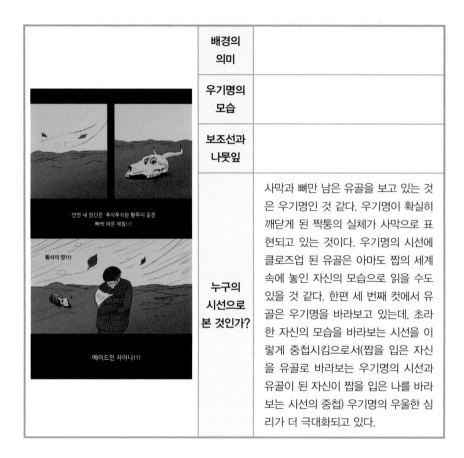

| | | |
|---|---|---|
| 배경의 의미 | | |
| 우기명의 모습 | | |
| 보조선과 나뭇잎 | | |
| 누구의 시선으로 본 것인가? | 사막과 뼈만 남은 유골을 보고 있는 것은 우기명인 것 같다. 우기명이 확실히 깨닫게 된 짭의 실체가 사막으로 표현되고 있는 것이다. 우기명의 시선에 클로즈업 된 유골은 아마도 짭의 세계 속에 놓인 자신의 모습으로 읽을 수도 있을 것 같다. 한편 세 번째 컷에서 유골은 우기명을 바라보고 있는데, 초라한 자신의 모습을 바라보는 시선을 이렇게 중첩시킴으로서(짭을 입은 자신을 유골로 바라보는 우기명의 시선과 유골이 된 자신이 짭을 입은 나를 바라보는 시선의 중첩) 우기명의 우울한 심리가 더 극대화되고 있다. | |

⟨패션왕⟩이 재현하는 간지와 짭의 세계는 모두 우기명의 시선에서 그려지고 있습니다. 만약 전교 1등 곽은진의 시선으로 김원호를 그렸다면 김원호는 불량하고 생각 없이 비싼 옷이나 걸친 바보가 아니었을까요? 그렇다면 우기명과 곽은진의 차이는 무엇일까요? 우기명은 왜 김원호와 박혜진의 간지를 선망하게 되었을까요?

3. 우기명은 왜 패션왕이 되기로 결심한 것일까요? 〈패션왕〉 7화에서 우기명이 들려주는 고백을 보면서 그 이유를 한번 생각해봅시다.

---

**우기명의 고백**

어려서부터…… 사주는 대로 입고, 가라는 대로 흘러갔다. 생각해보면 딱히 속 썩인 적은 없다. 그렇다고 불만이 없던 것은 아니었다. 좋은 옷, 새 신발도 사고 싶었다. 하지만 임대 아파트 사는 형편에 투정 부리지 않았다. 웬만하면 엄마가 하라는 대로 했다. 하지만 요즘 들어서 의문이다. 이게 잘하고 있는 건가?

머리가 그리 좋은 편은 아니라 장학금 받으며 대학에 들어갈 성적도 아니고, 대학에 간다 해도 집에서의 도움은 없을 거다. 왜냐하면 엄마도 몸 안 좋아서 일 못한 지 벌써 꽤 지났거든. 그렇다면 결국 내 힘으로 학자금 빌려서 대학 가라는 이야기인데……

---

우기명이 갈 수 있는 길은 두 가지입니다. 입시왕이 되거나 패션왕이 되는 것. 그런데 우기명은 입시왕의 길은 불가능하다고 생각할 뿐 아니라, 설사 입시왕이 되더라도 자신의 미래가 어둡다고 여기는 것 같습니다.

4. 우기명은 패션왕이 되어 남들에게 선망의 대상이 되고 싶어 합니다. 멋없는 세상에서 멋진 존재가 되고 싶어 하는 우기명. 그러나 옷을 잘 입으면 멋진 사람이 되는 것일까요? 패션왕을 꿈꾸는 우기명에 대한 여러분의 생각을 표현해봅시다.

〈패션왕〉은 패션을 통해 일진이 된 우기명의 성장 스토리였습니다. 주먹이나 돈 혹은 공부가 아닌 다른 방식으로 일진이 된다는 점에서 〈패션왕〉은 평가를 받을 만한 점이 있습니다. 그런데 청소년들에게 큰 인기를 끌고 있는 웹툰들을 보면 소위 '일진'들이 주인공인 작품이 많습니다.

**1. 여러분이 알고 있는 웹툰 중에 일진이 등장하는 웹툰은 무엇이 있나요? 일진 웹툰들이 인기 있는 이유가 무엇일지 이야기를 나눠봅시다.**

| 일진 웹툰 작품명 | |
|---|---|
| 등장인물 | |
| 줄거리 | |
| 인기 있는 이유 | |

과거에도 학원 폭력 만화들은 있었습니다. 과거의 학원 폭력 만화는 주로 남학생들의 주먹에 대한 판타지를 그려냈었지요. 그러나 최근의 일진 웹툰에 등장하는 일진들은 웹툰 작가를 꿈꾸거나(프리드로우), 풋풋한 연애를 하거나(연놈), 자전거에 대한 열정과 꿈을 키워나가는(윈드브레이커) 등 성장물이나 로맨스 같은 다양한 장르와 결합되는 모습을 보여주고 있습니다. 그래서 이러한 일진 웹툰들은 다양한 독자층을 거느리고 있을 뿐 아니라 항상 상위권 순위를 차지하며 큰 인기를 끌고 있습니다.

**2. 웹툰 〈프리드로우〉 135화 '한태성의 일진 과외 (2)'는 '도봉산 강냉이머신' 한태성이 민지에게 일진 과외를 하는 내용입니다. 한태성이 말하는 일진의 조건은 현실을 잘 반영하고 있는 것일까요? 아니면 일진을 미화하고 있는 것일 뿐일까요? 자신의 입장을 정하고 그에 대한 근거를 말해봅시다.**

**한태성**: 일진에도 분명 선한 일진이 있고 악한 일진이 있고, 공부 잘하는 일진, 또라이 일진 등 다양한 일진들이 존재하지. 일진으로 가장 어울리는 자격 요건이 무엇이냐…… 첫 번째는 싸움과 힘, 두 번째는 패기와 리더십, 세 번째는 외모. 도봉산 강냉이머신 한태성님이 생각하는 양아치 일진새끼들의 가장 큰 특징이 뭐냐면, 자기들은 이 세상 아무것도 무서울 게 없다는 패기가 존재해. 깡, 자신감! 외모도 중요하지만, 가장 중요한 건 자신감! 깡과 패기가 중요하다! 저항 정신!

**한태성**: 그냥 ㅈㄴ… ㅈㄴ 개기고 싶은 거야! 생각해봐, 민지야! 초등학교 6년 졸업하고, 중학교에 입학하고 질풍노도의 시기를 겪고 있다 보니 부모님은 이래라저래라, 선생은 말 안 들으면 혼내고, 억압받고 있는 이 감옥 같은 생활에서 탈출하고 싶은 거지! 지금까지 공부하느라 스트레스 엄청 받았지? 응? 부모님한테 잔소리 듣고, 진짜 짜증 났을 거야. 짜증 나지? 응?
**민지**: 으으으… 짜증 나. 공부하기 싫어! 공부하기 싫다고! 지긋지긋해!

스크롤로 펼치는 만화

> **한태성**: 좋았어! 바로 그거야! 바로 그거라고 민지야! 자, 그럼 저 녀석한테 가서 매점 심부름을 시켜봐, 민지야!

모범생으로 살아온 민지에게 한태성은, 부모님이나 선생님의 간섭과 공부를 잘하고 모범적인 학생이 되어야 한다는 억압에 저항하라고 말합니다. 물론 그러한 '저항 정신'을 말하며 민지의 분노를 자극시키고 더 나아가 반 친구에게 매점 심부름을 시키라고 하는 한태성의 행동은 명백히 잘못된 것입니다. 그러나 이 장면에서 민지가 한태성의 말에 자극을 받고 있는 것은 분명해 보입니다. 그리고 이 장면에서 웹툰을 보는 청소년들은 민지에게 감정 이입을 하게 되지요.

일진 웹툰이 폭력을 미화한다는 비판은 미디어를 통해 많이 제기되어 왔습니다. 그럼에도 불구하고 여전히 많은 10대 학생들은 일진 웹툰을 즐기고 있습니다. 그 이유는 무엇일까요? 책임을 일진 만화를 그리는 웹툰 작가나 청소년들에게만 돌려선 안 될 것입니다. 어쩌면 이러한 일진 만화의 인기는 우리 사회가 10대 청소년들을 그만큼 힘들게 하고 있기 때문은 아닐까요?

**3. 일진 웹툰이 인기를 끌고 있는 원인을 우리 사회에서 청소년들이 놓인 상황과 연관 지어 생각해보고 함께 이야기를 나눠봅시다.**

웹툰 〈패션왕〉에서 멋진 사람은 곧 멋진 옷을 입는 사람이었습니다. 한편 〈프리드로우〉에서 한태성은 일진의 조건으로 첫째 싸움과 힘, 둘째 패기와 리더십, 셋째 외모, 그리고 마지막으로 깡과 자신감을 들었습니다. 여러분이 생각하는 멋지고 강한 사람은 어떤 사람인가요? 친구들과 함께 진짜 멋지고 강한 사람은 어떤 사람인지 한 번 이야기를 나누어봅시다.

**1. 진짜 멋지고 강한 사람은 어떤 사람인가요? 멋지고 강한 사람이 갖추어야 할 조건을 세 가지 이상 말해봅시다.**

아이언맨, 슈퍼맨, 원더우먼 같은 슈퍼히어로들이 원래 유명한 만화 캐릭터라는 사실은 잘 알고 있을 것입니다. 만화라는 미디어는 언제나 우리에게 멋진 슈퍼히어로들을 선보여왔습니다. 사실 패션왕이 되는 우기명이나 도봉산 강냉이머신 한태성도, 지구를 구하지는 않지만 일종의 히어로라 할 수 있어요.

**2. 1에서 이야기했던 사람을 슈퍼히어로 캐릭터로 만들어봅시다.**

– 여러분이 생각한 영웅의 특징을 어떻게 이미지로 표현할지 생각해보세요.

– 영웅의 특징이나 자질을 형상화할 때, 아이언맨 같은 슈퍼히어로의 모습으로 형상화해도 되고, 동물이나 혹은 사물을 이용해도 됩니다. 예를 들어, 많은 사람을 끌어들이는 매력이 있다고 하면 '자석 캐릭터'로 형상화할 수도 있습니다.

| 캐릭터 모습 | 캐릭터 설명 |
|---|---|
|  |  |

## 3. 위 캐릭터로 4컷짜리 웹툰을 만들어봅시다.

# 7

# 디지털 세상, 연결의 중심

## 소셜 미디어

내가 정말 중요하게 여기는 문제는 더욱 개방되고 연결된 세상을 만드는
것입니다. 개방이라는 건 더 많은 정보에 접근할 수 있다는 뜻입니다.
더욱 투명한 것, 뭔가를 공유할 수 있고, 세상을 향해
목소리를 낼 수 있다는 의미죠. 연결이라는 건 세상 사람들이 서로
친목의 끈을 놓지 않고 공감대를 나누는 것입니다.

마크 주커버그(페이스북 CEO)

# 미디어 이해하기

## 1. 소셜 미디어(Social media)란?

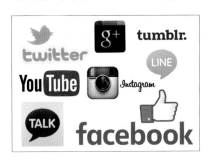

'SNS'라는 단어는 더 이상 우리에게 낯설지 않으며, 우리는 하루의 상당한 시간을 SNS에 머무른다. SNS는 '소셜 네트워크 서비스Social Network Service'의 약자로, 사람과 사람을 연결해주는 앱application이나 서비스 등

을 말한다. 다시 말해 사람들의 의견, 생각, 감정 등을 나눌 수 있는 온라인 공간을 제공하는 것들은 모두 SNS라 일컬을 수 있다. 자신의 일상을 공유하는 페이스북이나 인스타그램부터, 메시지를 교환하는 카카오톡·라인·텔레그램, 영상을 올려 소통하는 유튜브, 심지어 디지털 공간에서 상대방과 만나 함께 하는 게임까지, 누군가의 의견과 생각을 만날 수 있고 자신의 생각을 올릴 수 있는 공간은 모두 SNS이다.

## 2. 소셜 미디어의 시작과 확산

흔히 SNS라 표현되는 다양한 앱App이나 도구들을 '소셜 미디어Social Media'라고 한다. 소셜 미디어란 용어는 크리스 쉬플리Chris Shipley가 2004년에 IT 관련 컨퍼런스에서 처음 사용하면서 주목을 끌었다. 소셜 미디어는 실은 예전부터 우리 곁에 있었다. 앞의 SNS의 정의에서 알 수 있듯이 '사람과 사람의 생각, 의견, 감정 등을 나눌 수 있는 공간'은 예전부터 존재했기 때문이다. 인터넷 초장기 시절 인기를 끌었던 다양한 온라인 동창회 사이트(아이러브스쿨, 다모임 등), 이제는 추억으로 사라진 세이클럽이나 싸이월드, 다양한 주제로 만들어진 온라인 카페와 블로그, 조금 멀리는 나우누리나 하이텔의 게시판까지도 모두 소셜 미디어의 한 형태라고 말할 수 있다.

근래 들어 소셜 미디어가 다시 떠오르기 시작한 이유는 무엇일까? 바로 스마트폰의 확산 때문이다. 기존 SNS는 PC를 통해서 접속할 수밖에 없었고, 결국 PC가 있는 공간과 시간의 제약을 받았다. 하지만 스마트폰은 휴대가 가능하기 때문에 시공간의 제약을 받지 않는다. 우리는 스마트폰을 들고 어디든지 갈 수 있고, 언제든지 접속할 수 있다. 인터넷이 보편화된 1990년대에 비해 우리는 더 넓고 큰 세상을 가지게 된 것이다. 스마트폰 덕분에 우리는 SNS에 더 많이 머물며 듣고 말하고, 더 많은 관계를 맺게 되었다.

## 3. 소셜 미디어로 인해 변하는 '관계'

'SNS'가 우리의 관계 형성에 큰 비중을 차지하자 우리가 다른 사람과 맺는 '관계'의 모습도 조금씩 변화하기 시작하였다. 눈에서 멀어지면 마음에서도 멀어진다는 말처럼, 관계는 보통 물리적 거리와 반비례한다. 멀어지는 만큼 소통과 만남의 횟수는 줄어들고 결국에는 관계까지 약해지게 된다. 하지만 정보통신 기술의 발달은 이런 공식을 서서히 허물기 시작하였다. TV·라디오·전화의 발달로 사람 사이의 물리적 거리는 예전만큼 관계의 방해물이 되지 않는다. 특히 스마트폰을 통한 소셜 미디어는 관계에서 '거리'가 가진 의미를 거의 무의미하게 만들었다. 언제 어디서든 '항상' 연결되며 스마트폰과 소셜 미디어로 우리는 순간의 감정, 사건, 생각 들을 인터넷에 올릴 수 있고, 나에게 관심이 있는 사람들은 나의 현재 상태를 알 수 있게 된다. 나의 기분이 어떤지, 나의 휴가지는 어디인지, 심지어 휴가지에서 지금 무엇을 먹고 있는지 등에 대해서도 알 수 있는 것이다. 예전 같으면 나와 함께 있을 때만 알 수 있는 것들을 지금은 거리에 상관없이 함께 있는 것처럼 알 수 있다. 이것은 어마어마한 변화이다. 일견 SNS상의 정보가 무의미한 정보로 보이지만, 관계에서 이런 소소한 일상의 공유는 큰 힘을 갖는다. 소소한 일상의 공유는 상대방과의 거리감을 줄여주고, 심리적으로 더욱 강한 친밀감을 형성하기 때문이다.

그뿐만 아니라 SNS에서 만나는 친구들과는 훨씬 수월하게 관계를 이루어 갈 수 있다. 보통 관계를 맺기 위해서는 시간과 돈이 필요하다. 누군가를 만나기 위해서는 교통비부터 식사비, 차비, 영화비 등 각종 비용이 발생한다. 여기에 상당한 에너지도 필요하다. 친구가 묻는 말에 적당한 대답을 찾아야 하고, 나의 대답에 대한 친구의 반응을 살펴야 한다. 단순히 입과 귀로만 대화하는 것이 아니라 눈으로는 친구의 표정, 몸짓, 시선 등을 살피며 대화를 해야 한다. 또한 대화가 끊기지 않기 위해서는 뒤이은 질문도 생각해야 하고, 나의 말이 오해를 사지 않기 위해서 충분한 몸짓과 억양도 곁들여야 한다. 물론 이 많은 것을 우리는 무의식적으로 해낸다. 그럼에도 불구하고 오프라인에서 친구를 만나는 것은 상당한 에너지를 쓰는 일임은 분명하다.

반면에 소셜 미디어에서의 만남은 그렇지가 않다. 오프라인 만남에 비해 훨씬 편안하다. 친구의 안면을 살필 필요도 없고, 분위기를 느끼기 위해 끝없이 주위를 탐색하지 않아도 되며, 당연히 친구의 대답이나 질문에 바로 반응하지 않아도 된다. 오프라인에서의 관계 맺기가 상호작용하는 것이라면, 소셜 미디어에서의 관계는 자신이 주도권을 갖고 관계 맺기를 진행할 수 있다. 이렇게 SNS상에서 관계를 유지하는 것은 오프라인에서보다 시간과 에너지가 덜 들기 때문에 보다 쉽게 관계를 맺고 넓혀갈 수 있다.

한편 소셜 미디어를 통해 만들어진 관계는 우리에게 피로감을 가져다주기도 한다. 매 순간 울리는 SNS 알림은 일상생활의 집중을 방해하고, 친구에 관한 메시지에는 바로 답을 해야 될 것 같은 강박을 느끼기도 한다. 온라인에서의 관계 유지에 필요한 에너지가 아무리 오프라인보다 적게 들어도, 온라인에서 맺어지는 관계의 양이 워낙 많기에 결국 총 에너지의 합은 온라인이 오프라인을 능가하게 되어 어느 순간 한계에 부딪히게 된다.

즉 우리는 관계 과잉에 따른 피로감에 시달릴 수 있다. 영국 옥스퍼드대학의 교수이자 진화생물학자인 로빈 던바Robin Dunbar는 이에 대해 흥미로운 이론을 제시한다. 그에 따르면 인간은 뇌 용량 때문에 친밀한 관계를 유지할 수 있는 지인의 수가 최대 150명이라는 것이다. (던바 교수에 따르면, 긴팔원숭이가 유지할 수 있는 친밀한 친구는 약 14명, 고릴라는 33명, 오랑우탄은 50명 정도라고 한다.) 그의 이론에 따르면 SNS는 인간의 뇌가 감당할 수 있는 관계를 넘어서게 하기 때문에 관계에서 즐거움이 아닌 피로감을 갖게 된다는 것이다. 즐거움으로 시작했던 SNS가 어느 순간에 우리를 힘겹게 하는 이유가 여기에 있다.

또 소셜 미디어에서의 관계 맺기에 익숙해지다 보면 오히려 현실에서의 관계 맺기 능력이 떨어질 수 있다. 앞서 말했듯이 SNS상에서는 오프라인에 비해 적은 에너지로 관계 형성이 가능하며 관계의 주도권 역시 나에게 있다. 이런 수월한 관계 맺기에 익숙해지다 보면 훨씬 더 많은 에너지와 전략이 필요한 오프라인 관계에는 소홀해질 수 있는 것이다.

어느새 우리 일상에 깊숙이 자리 잡은 SNS는 조금씩 의사소통 방식에, 나아가 우리가 맺는 관계에 영향을 끼치고 있다. 이러한 변화는 매우 천천히 진행되므로 알아차리기 어렵다. SNS와 스마트폰 덕분에 우리의 인간관계는 시간과 공간의 제약에서 보다 자유로워졌다. 소소한 일상을 공유함으로써 친밀감이 늘어나고, 적은 비용으로 관계를 유지할 수 있어 결과적으로 인간관계가 확대된 것은 분명 긍정적이다.

반면에 관계의 질 측면에서 보자면 긍정적이지만은 않다. SNS가 깊은 관계 형성에는 크게 도움이 되지 않을 수 있기 때문이다. 어떤 관계든지 시간과 노력을 들이지 않는 관계는 약하기 마련이다. 보통 힘든 시기를 같이 보낸 사람들끼리는 두터운 신뢰가 형성되기 마련인데 그것은 그만큼 그 사람과 공유한 경험의 감정이 강렬했기 때문일 것이다. SNS는 소통의 기회는 제공하지만, 실제 소통만큼의 충분한 감정과 질은 보장해주지 못한다. SNS에 올라온 글과 사진, 영상을 통해 게시자의 감정을 충분히 알고 있다고 생각하지만, 그것 자체가 큰 착각이다. 우리의 수많은 생각과 감정 중에 SNS에 올릴 수 있는 형태의 정보만이 게시되기 때문이다. SNS에서 이루어지는 관계의 빛과 그림자를 응시하지 못한다면 우리는 소셜 미디어를 통해 우리의 관계가 좋아졌다는 착각에 빠져 살아갈 수 있다.


## 4. 개인 정보의 공유 혹은 노출

스마트폰은 SNS의 확산만이 아니라 SNS 이용 방식에도 변화를 주었다. 실명에 기반을 둔 소셜 미디어가 주목받기 시작한 것이다. 아이러브스쿨, 다모임, 싸이월드부터 현재 가장 많은 이용자를 가지고 있는 페이스북까지 모두 실명을 토대로 한 서비스이다. 이렇게 언제부턴가 우리는 온라인에서 자신의 실명을 밝히는 것을 자연스럽게 받아들이기 시작하였다. 특히 소셜 미디어에서는 더욱 그렇다. 인터넷이 대중화되기 시작했을 때 가장 큰 장점으로 여겨졌던 익명성이, 오히려 인터넷의 발달이 더욱 촘촘하게 이루어진 지금에 와서는 더 이상 매력을 지니지 못한다는 것은 사뭇 아이러니하기까지 하다. 하지만 관계에 있어서 이러한 현상은 자연스럽다. 왜냐하면 관계에서 '자기 노출 self disclosure'은 의사소통에 매우 중요하기 때문이다. 부지불식의 사람보다는, 직업이 무엇이고 나이가 얼마인지를 알 때 대화가 훨씬 잘되는 것은 당연한 일이다. 상대방에 대한 정보는 대화를 훨씬 편안하고 안정적으로 만들어준다. 이런 이유로 SNS는 회원 가입 때부터 어느 정도 자기 노출을 강제한다. 기본적으로 실명과 생년월일 등을 요구하며, 선택에 따라서는 초·중등학교, 직장, 사는 곳 등의 정보를 요구하기도 한다.

하지만 문제는 이러한 자기 노출이 종종 자신의 통제를 벗어나는 데 있다. 즉 오프라인에서는 내가 원하는 사람에게 내가 원하는 만큼의 정보만을 제공할 수 있다(물론 가끔 실언으로 다른 정보를 주기도 하지만). SNS는 그렇지가 않다. SNS에 나의 정보를 밝히는 순간 나에 대한 정보는 SNS 이용자 모두에게 알려질 수 있는 가능성을 지닌 정보가 된다. 마치 나에 대한 이야기를 복사해서 사람들이 많이 다니는 길거리에 뿌리는 것과 다르지 않다. 행인이 떨어진 종이에 관심을 갖고 보면 언제든지 나에 대한 정보를 알 수 있다. SNS를 사용할수록 정보가 생겨나기에, 나에 대한 정보는 시간이 지날수록(내가 모르는 사이에) 계속해서 만들어지고 쌓여간다. 더 큰 문제는 내가 생성하지 않은 정보들에서도 나를 발견할 수 있다는 것이다. SNS에 나의 직장을 밝히지 않더라도, 동료가 '어제 회식 때 정말 즐거웠다.'라는 글을 남겼다면, 그리고 그가 자신의 개인 정보에 직장을 밝혔다면, 나의 직장은 너무나 쉽게 노출되는 것이다. 나의 의지와는 상관없이(나의 프로필에는 비공개로 하였으니 '나의 의지와는 반대로'가 더 정확하다.) 말이다.


## 5. 잊혀질 권리

온라인에 올린 정보는 쉽게 지울 수 없다. 그러다 보니 인터넷상의 개인 정보를 지워주는 '디지털 세탁소', '디지털 장의사', 'SNS 평판 관리사'라는 직업이 등장하기도 하였다. 적게는 한 달에 몇십만 원에서 많게는 한 달에 몇백만 원의 비용이 소모되지만, 많은 사람이 이 서비스를 찾고 있다. 자신이 과거에 올린 정보 발자국 때문에 얻을 피해가 두렵기 때문일 것이다. 얼마 전 오디션 프로그램에 나온 참가자가 SNS에 올린 과거 사진이나 언행이 문제가 된 적이 있다. 과거 철없던 때의 일이라고 해명했지만 대중의 시선은 싸늘했고 결국 탈락되었다. 미국에서는 SNS상의 인종 차별, 여성 혐오 대화가 문제가 되어 대학교 입학이 취소되거나 직장에서 해고되는 일이 왕왕 발생하곤 한다. 그래서 많은 사람이 자신의 온라인 발자국들을 지우고 싶어 한다. 하지만 이런 비용을 들인다고 해서 완전히 온라인상에서 나의 정보를 지울 수 있는 것은 아니다. 정보를 지워도 보통 3~6개월이면 다시 정보가 살아나기 때문이다. 주기적으로 지워주는 방법밖에는 없는데, 그 비용이 만만치 않을 뿐더러 이 정도면 온라인상에서 정보의 수명은 불멸이라 해도 과언은 아닌 것 같다.

이에 따라 새롭게 주목받는 권리가 있다. 바로 '잊혀질 권리'이다. 디지털 세상에서 더 나은 삶을 위해 '잊혀질 권리' 대한 논의가 이루어지고 있다. '잊혀질 권리'는 말 그대로 인터넷상의 자신의 정보를 자신이 원할 때 삭제할 수 있는 권리를 뜻한다. 이는 어찌 보면 당연한 권리처럼 보이지만, 모든 정보가 영원히 기록되는 디지털 세상에서는 그렇지 않다.

2014년 유럽연합의 최고법원인 유럽사법재판소에서 '잊혀질 권리'에 대한 의미 있는 판결이 이루어졌다. 스페인의 한 변호사는 자신의 이름을 입력하면 검색되는 부채(負債) 정보를 삭제해달라고 구글에 요청하였다. 고객들이 자신의 이름을 검색할 때 함께 나오는 부채 정보 때문에 자신의 신뢰성에 의문을 가져 변호사로 일하는 데 불이익을 당한다고 주장하였다. 하지만 구글은 이를 받아들이지 않았다. 구글이 정보 삭제를 거부하자 그는 법원에 소송을 걸었다. 법원은 구글에 해당 정보를 삭제하라고 판결했고, 이는 온라인 상에서 최초로 '잊혀질 권리'를 인정한 사건이 되었다. 영국 옥스퍼드대학 인터넷연구소의 빅토르 마이어 쇤베르거Viktor Mayer-Schönberger 교수는 "본래 인류에게는 망각이 기본이고 기억하는 것이 예외적인 현상이었으나, 디지털 기술의 발달로 망각이 예외가 되고 기억이 기본값이 되게 하였다."라며 인간적인 삶을 위해서 망각의 중요성을 강조하고 있다. 모든 것이 기록되고 저장되는 SNS에서는 '망각'이 존재하지 않는다. SNS에서는 정보가 생산되고 영원히 기록되기만 할 뿐이다. 그래서 사람들은 '잊혀질 권리'에 대한 필요성을 제기한다.

# 미디어로 수업하기

---

## SNS로 현명하게 의사소통하기

**1차시** **디지털 사회 이해하기**

주호민 작가의 〈신과 함께〉라는 웹툰을 아시나요? 주인공 '김차홍 씨'가 죽은 뒤 저
승에서 49일 동안 심판을 받는 이야기를 한국의 고유한 신화를 바탕으로 재구성한
웹툰입니다. 여기에서 주인공은 7일마다 일곱 명의 저승 시왕에게 심판을 받게 되는
데, 이때 시왕은 그 사람이 생전에 한 모든 행동을 다 알고 있습니다. 모든 행동이
지워지지 않고 기록되어 있기 때문입니다.

그러면 여기서 재미있는 상상을 한번 해볼까요? 어느 날 저승에서의 실수(?)로 인간
의 생각과 행동을 기록하는 책이 이승으로 떨어졌다고 생각해봅시다. 심지어 이 책
맨 앞에는 '모두의 이름'으로 구성된 목차도 있어 자신이 알고 있는 사람을 검색해
볼 수 있습니다. 만약 차례에서 '김차홍'을 찾아 해당 페이지로 가면 그 사람의 생각
과 행동 등을 알 수 있게 되는 것이지요.

1. 위에서 말한 책이 지금 우리 눈앞에 있습니다. 어떤 일이 벌어질지 생각해보고,
   그림이나 글로 표현해봅시다.

2. 진짜 그런 책이 있다면 어떤 점이 좋고, 어떤 점이 싫을지 친구들과 이야기를 나
   눠봅시다.

| 좋은 점 | 싫은 점 |
|---|---|
|  |  |

위 이야기가 상상이라고 했지만, 실은 완전한 상상은 아닙니다. 나의 모든 생각과
행동이 기록되지는 않지만, 많은 것이 기록되는 것이 우리 주변에 있기 때문이지요.
바로 SNS라고 불리는 소셜 미디어입니다.

**3. 스마트폰이나 컴퓨터에 설치한 SNS 가운데 가장 많이 쓰는 것은 무엇인가요?
주로 어떨 때 사용하는지 생각해봅시다.**


SNS는 이제 삶의 한 부분이 되어버렸습니다. 모두와 연결해주고 모든 것을 기억하는 SNS. SNS를 통해 삶은 더욱 행복해졌을까요, 아니면 그 반대일까요? 이런 물음은 어리석은 질문입니다. 왜냐하면 모든 것에는 빛과 그림자의 양면성이 있지 일방적으로 좋거나 나쁘기만 할 수는 없으니까요. SNS도 마찬가지입니다.


**4. SNS를 소재로 한 영화 〈트윈스터즈〉와 〈소셜포비아〉의 줄거리를 찾아 읽고,
SNS의 장단점에 대해 이야기해봅시다.**


SNS의 편리함에 비해 불편함에 대해서는 크게 알지 못하는 것 같습니다. 아마도 SNS가 널리 사용된 기간이 얼마 되지 않아서 그런 것일 수도 있고, 아니면 아직 SNS의 위험성이 충분히 드러나지 않았기 때문일 것입니다. 유용하고 편리한 도구는 그만큼 잘못 쓰였을 때의 위험도 큽니다. 모든 것과 연결되어 있고, 모든 것을 기억하는 SNS. 올바르게 사용하기 위해서는 어떻게 해야 할까요?


디지털 세상, 연결의 중심

SNS(Social Network Service)에서 'Social'은 '사회적'이라는 뜻으로, 개인과 개인의 만남을 뜻합니다. 즉 SNS는 사람과 사람의 만남을 형성해주는 서비스라고 볼 수 있습니다. 그렇다면 사람들 간의 만남, 관계는 어떻게 형성될까요?

관계가 형성되기 위해서는 서로에 대한 정보를 교환해야 합니다. SNS는 우리에 대해서 항상 말하게 하지요. SNS 시작을 위해선 회원 가입이 필요한데, 여기서 이미 개인 정보를 요구합니다. 그리고 우리는 SNS에 우리의 일상을 끊임없이 기록합니다.

**1. SNS에 드러난 정보로 나를 표현해봅시다. 프로필, 게시물, 그리고 게시물의 댓글 등을 잘 살펴봅시다. 또는 친구의 SNS에 드러난 친구의 정보로 친구를 표현해봅시다. (단순히 친구의 글이나 사진으로 드러난 사실도 알 수 있지만, 글이나 사진에서 느껴지는 느낌도 그 사람에 대한 정보를 이룹니다. 이러한 느낌까지 포함해서 나와 친구를 나타내봅시다.)**

페이스북의 '나'는 현실의 '나'와 비슷한가요, 아니면 다른가요? 예전에는 인터넷 공간을 가상공간이라고 생각했습니다. 지금은 인터넷 공간을 현실 공간의 연장선으로 봅니다. 즉 현실 공간의 하나라고 여기지요. 그래서 SNS의 '나'를 현실의 '나'와 다른 존재로 여기지 않고 비슷한 존재로 여깁니다. 여기서 중요시되는 것이 '평판 관리'입니다. 평판이란 다른 사람이 바라보는 나에 대한 생각입니다. SNS에서 평판 관리가 중요해지는 것은 무엇보다도 '연결성', '영원성' 때문일 것입니다. 자기가 무심코 공유한 글이나 '좋아요'는 지워지지 않고 많은 사람에게 퍼져나가며 자신의 온라인 평판을 형성하게 됩니다.

우리가 만드는 SNS 관계는 어디까지 퍼져 있을까요? 간혹 SNS를 단순히 친구들하고만 소통하는 것으로 생각합니다. 하지만 넓게는 SNS 사용자 모두, 좁게는 내 친구의 친구와 연결되어 있지요. 페이스북 등에서 나의 관계가 어떻게 형성되어 있는지 확인해봅시다.

**2. SNS 친구 중 몇 명(10명 이상)을 뽑아, 관계도(마인드맵)를 만들어봅시다. 그리고 내 친구의 관계도를 이어 붙여서 나의 '연결 상황'을 확인해봅시다.**

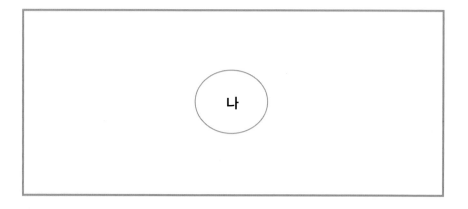

디지털 세상, 연결의 중심

나의 관계는 어디까지 뻗어 있나요? 관계망에 있는 사람은 내가 다 아는 사람인가요? 어떤 게시물에 '좋아요'를 누르거나 댓글을 달거나 공유를 하면 나의 친구에게 이에 관한 정보가 제공됩니다. 이러한 시스템을 '뉴스피드(Newsfeed)'라고 합니다. 문제는 나의 반응에 친구가 반응하게 되면 자연스레 그 친구의 친구에게도 나의 게시물이 퍼지게 된다는 것입니다. 나의 게시물이 어디까지 퍼질 수 있을까요?

자신의 정보가 끊임없이 퍼지는 것을 막기 위해 페이스북에서는 게시물의 공개 범위를 설정할 수 있습니다. '전체 공개, 친구만, 제외할 친구, 특정 친구, 나만 보기'로 정할 수 있는 것이지요. 이렇게 범위를 정함으로써 정보를 통제할 수 있게 합니다. 하지만 우리는 종종 유명인들이 자신의 지인들에게만 공개했던 게시물이 공개되어 곤혹을 치르는 것을 볼 수 있습니다. 여러 가지 이유가 있겠지만, 본질적으로 SNS에 올린 정보는 언제든지 공개가 될 수 있는 정보로 보는 것이 맞습니다.


3. SNS는 우리의 만남과 관계를 풍족하게 해주지만, SNS에 올린 정보는 지우기가 어렵고 한번 퍼지면 막을 수가 없습니다. SNS를 잘 활용하기 위해서는 SNS를 올바르게 사용하는 방법이 필요합니다. 친구들과 함께 올바른 SNS 사용에 관한 설명서를 만들어봅시다.

SNS의 새로운 논란 : 잊혀질 권리 VS 알 권리(표현의 자유)

근래 들어 SNS의 문제점들로 인해 '잊혀질 권리'가 주목받고 있습니다. 온라인상에서 자신에 관한 정보를 지우게 할 수 있는 '잊혀질 권리'를 법으로 제정하자는 움직임이 활발하게 일어나고 있습니다. 하지만 온라인의 가장 큰 장점인 '표현의 권리', '대중의 알 권리'를 침해할 수 있기에 이에 대한 찬반이 강하게 대립하고 있습니다. 이에 관한 뉴스를 읽고 자신의 입장을 정하여 토론해봅시다.

**1. 우리가 살아가는 세상이 디지털 시대라는 것을 실감할 수 있는 역사적 판결이 2009년 유럽에서 있었습니다. 아래 글을 읽고 제시한 물음에 대해 친구와 이야기를 나눠봅시다.**

---

**잊혀질 권리 인정한 역사적 판결**

스페인에서 한 변호사가 구글을 상대로 소송을 제기했다. 이번 소송은 곤잘레스가 2009년 소를 제기하면서 시작됐다. 그는 당시 구글에서 자신의 이름을 검색하면 채무 상세 내역과 재산 강제 매각 내용이 담긴 1998년 신문 기사가 나와 "사건이 해결됐는데도 인터넷에서 사건이 검색돼 개인 정보가 침해됐다"며 해당 기사를 작성한 신문사에 기사 삭제를, 구글에는 링크 삭제를 요구했다. 그러나 삭제 요구가 거절되자 그는 당국인 스페인 정보보호원에 이의를 제기했고, 정보보호원이 2010년 7월 신문사와 구글에 다시 기사 및 해당 링크 삭제를 요구했다. 구글과 신문사는 "기사 내용이 모두 사실이고, 법적으로도 문제가 없으며 삭제 요청은 검열에 해당한다"는 이유로 또다시 거부해 사건은 법원으로 넘겨졌다. 결국 스페인 고등법원이 유럽사법재판소(ECJ)에 사건을 의뢰해 5년 만에 마무리됐다.
— 〈인터넷서 잊혀질 권리 있다, EU 법원 첫 인정〉(한국일보, 2014. 5. 19)

---

2. 위 판단에 대해 곤잘레스 씨는 "공익과 상관없고, 오직 개인의 존엄과 명예를 훼손하는 정보를 삭제하려고 싸웠다"며 "이번 판결로 소비자도 자신의 권리를 방어하는 방법을 알게 됐다"고 판결을 반겼습니다. 반면에 구글은 "실망스러운 판결"이라며 당혹스러워했습니다. 구글이 실망스러운 판결이라고 말한 이유를 추측해봅시다. 그리고 인터넷에서 정보를 마음대로 삭제하는 것을 악용한다면 어떤 일이 발생할지 이야기해봅시다.

3. 잊혀질 권리와 알 권리 중 무엇이 더 필요한지 토론해봅시다.

| 0 | 1 | 2 | 3 | 4 | 5 | 6 | 7 | 8 | 9 | 10 |
|---|---|---|---|---|---|---|---|---|---|---|

◀잊혀질 권리가 필요 없다　　　　　　　　　　　잊혀질 권리가 필요하다▶

• 나의 의견:

• 이유:

세계에는 다양한 SNS가 존재합니다. 공유하는 '친구'의 수를 150명으로 제한하는 '패스(Pass)', 페이스북처럼 일상사를 모두 보여주는 것이라기보다는 자신의 감정을 표현하는 데 특화돼 있는 '텀블러(Tumblr)'와 '피드(Pheed)'도 주목을 받고 있습니다. 최근 공유 사진 전송 후 일정 시간 내 전송 사진이 삭제되는 '스냅챗(Snapchat)'에 청소년들이 뜨거운 반응을 보이고 있습니다.

**\* 자신만의 아이디어를 녹여내어 전 세계 사람들의 마음을 끌 새로운 SNS를 기획
해봅시다.**

| | |
|---|---|
| SNS 이름 | |
| SNS 특징 | |
| 나의 SNS를 이용하면 사람들에게 좋은 점 | |

나의 SNS
화면 구성

BUSINESS PLANNING

SEARCH FOR SOLUTIONS

ANALYSIS OF THE ACTIONS

CREATIVE TEAM

# 8

# 한눈에 쏙 들어오는 시각화 자료

**인포그래픽**

의미를 효과적으로 전달하기 위해서는

심미적인 형태와 기능적인 요소가 조화를 이루어야 한다.

이상적인 시각화란 단지 명확하게 의사를 전달하는 데 머물러서는 안 되고

보는 사람을 집중하게 하고 참여하게 만들어야 한다.

## 1. 인포그래픽이란?

인포그래픽은 정보나 지식을 빠르고 명확하게 전달하기 위해서 전하고자 하는 내용을 시각적으로 표현하는 것이다. 시각적인 표현을 위해서는 수학에서 사용하는 다양한 형태의 그래프나 도형 혹은 숫자, 그리고 형태를 간단하게 만든 그림 등이 사용될 수 있다.

오른쪽 인포그래픽은 수면 장애의 원인 중 하나인 SNS 사용에 대해서 이야기하고 있다. 한눈에 보더라도 스마트폰을 하고 있는 사람이

보이고, 그 위에 적절한 도형, 그림과 숫자로 SNS 사용과 수면 장애의 관계를 잘 보여주고 있다.

## 2. 복잡한 정보를 쉽고 빠르게 전달

왜 줄글로 된 조리법보다 인포그래픽으로 된 조리법이 이해도 더 잘 되고 오랫동안 머릿속에 남을까? 사람들은 다른 감각보다 시각을 통해서 정보를 더 쉽게 받아들이기 때문이다. 사람 두뇌의 50퍼센트가 시각과 관련된 기능을 한다고 한다. 그렇기 때문에 글보다는 그림을 포함하고 있는 정보가 더 쉽게 머릿속에 들어오고 더 잘 이해된다. 게다가 요즘에는 인터넷을 통해서 정보를 습득하는 경우가 많은데, 웹 사용 전문가인 제이콥 닐슨Jakob Nielsen은 보통 사람들은 온라인상에서 글을 20퍼센트 정도만 읽는다고 한다. 화면으로 정보를 접하게 되면 아무래도 직접 손으로 만질 수 있는 책이나 잡지를 읽는 것보다 정보가 쉽게 전달되지 않기 때문이다. 그래서 화면으로 마우스를 스크롤하면서 읽다가 집중이 잘 안 돼서 출력하여 자세히 읽어보는 경우가 종종 있다. 또 정보를 검색할 때는 인터넷 사이트의 한 면을 컴퓨터 화면상으로 정독하기보다는 다른 여러 사이트를 지속적으로 찾아보면서 정보를 찾기 때문에 많은 콘텐츠를 접하더라도 깊이 있는 정보를 얻기는 어렵다.

그렇기 때문에 인터넷상에서 정보를 검색할 때 줄글보다는 그래픽을 활용해서 정보를 전달해주는 인포그래픽이 독자의 눈을 훨씬 더 끌기 마련이다. 또한 요즘은 SNS를 통해서 다양한 인포그래픽이 공유되기 때문에 이전보다 더 인포그래픽을 통해서 정보를 공유하고 전달하기가 쉬워졌다. 요즘에는 광고에서도 인포그래픽을 많이 활용하고 있으며, 인포그래픽만으로 뉴스를 전달하는 언론사도 생겼다.

## 3. 인포그래픽의 시작

인포그래픽이라는 용어 자체는 최근에 들어서 많이 사용되는 것 같지만 실제로 그 역사는 우리가 생각하는 것보다 훨씬 더 오래되었다. 다른 사람에게 전달하고자 하는 정보를 시각적으로 전달하는 것이 인포그래픽이므로, 선사시대의 동굴 벽화를 인류 최초의 인포그래픽이라고 이야기하는 사람들도 있다. 그림으로 특정 정보를 전달하고 있기 때문이다. 또한 이집트의 상형 문자도 인포그래픽의 한 형태로 생각할 수 있다.

역사의 한 면을 장식한 인포그래픽의 예를 살펴보면, 1626년에 크리스토프 샤이너Christoph Scheiner는 태양의 회전을 인포그래픽으로 표현하였다.

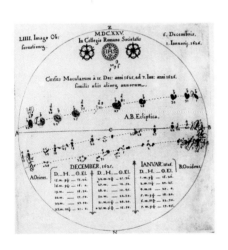

태양이 어떻게 회전하는지에 대해서 복잡하게 말로 설명하는 것보다는 이처럼 그림과 간단한 표로 보여주는 것이 훨씬 더 이해하기에 쉬울 것이다. 우리가 그리는 그림들도 그 안에 우리가 전달하고자 하는 정보가 들어 있다면 인포그래픽이라고 할 수 있다. 다만 인포그래픽은 그냥 보기에 좋은 그림이 아니라 그 안에 전달하고자 하는 '이야기'가 독자에게 쉽게 전달될 수 있도록 '효과적으로 표현'되어야 한다. 그러기 위해서 적절한 글씨가 들어갈 수도 있고, 때로는 그래프나 도형을 이용하기도 한다.

이런 인포그래픽이 때로는 역사에서 아주 중요한 일을 해내기도 하였다. 우리가 잘 아는 나이팅게일은 군인들을 위해 병원 시설을 개선하기 위해서

한눈에 쏙 들어오는 시각화 자료

인포그래픽을 이용하였다. 램프를 들고 따뜻한 표정으로 부상병을 돌보는 이미지로 잘 알려져 있는 나이팅게일은 사실은 통계 전문가였다고 한다. 나이팅게일은 전쟁 기간 동안에 매달 몇 명의 병사들이 어떤 원인으로 죽었는지를 그래프로 그려서 영국의 빅토리아 여왕을 설득해 군인들을 위해서 병원 시설을 개선했다고 한다. 어쩌면 나이팅게일이 빅토리아 여왕을 긴 말로 설득했다면 불가능했을지도 모른다. 긴 시간 동안 여왕을 만날 수나 있을지 모를 일이기도 하니까. 인포그래픽의 도움으로 이렇게 역사적으로 매우 의미 있는 일이 가능할 수 있었다고 생각하니 새삼 정보를 한눈에 들어오게 전달하는 것이 얼마나 중요한지 깨닫게 된다.

사실 우리가 흔히 보고 있는 지도는 가장 대표적인 인포그래픽의 한 형태이다. 지도를 보면 한눈에 다양한 정보를 읽을 수 있다. 지형, 인구 분포, 혹은 그 지역의 자연 자원에 대한 정보도 빠르게 이해할 수 있다. 이처럼 인포그래픽은 우리 생활과 아주 관련이 깊을 뿐 아니라 오랫동안 우리 곁에 있었다. 그리고 1970년대에는 미국의 여러 신문에 인포그래픽이 사용되기 시작했다고 한다.

## 4. 인포그래픽의 용도와 구성 요소

인포그래픽의 구성 요소

| 비주얼(Visual) | 정보(Information) | 지식(Knowledge) |
|---|---|---|
| 다양한 색의 도형 및 그래프 | 도형 및 그래프를 통해 전달하고자 하는 정보 | 최종적으로 독자가 전달 받는 지식 |

인포그래픽의 가장 중요한 점은 인포그래픽을 통해서 전달하고자 하는 자료 혹은 정보를 독자가 빠르고 정확하게 인지할 수 있고, 그 숫자 뒤에 숨겨진 이야기를 파악하면서 어떤 통찰 혹은 깨달음을 얻을 수 있도록 한다는 것이다. 바로 이것이 독자 입장에서는 '지식'이 되는 것이다. 즉 특정한 내용이 생생한 비주얼로 표현되어 독자에게 명확한 지식을 전달하는 것이 바로 인포그래픽이다. 복잡한 통계나 연구 결과도 두꺼운 보고서보다는 인포그래픽을 사용한다면 독자에게 쉽게 전달할 수 있다.

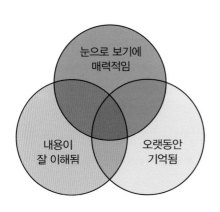

인포그래픽을 디자인할 때 생각해야 하는 중요한 요소는 '얼마나 보기에 매력적인가', '얼마나 이해가 잘 되는가', 그리고 '이해한 내용이 얼마나 오랫동안 남아 있는가'이다. 세 가지 모두 중요한 요소이지만, 인포그래픽을 어디에 사용하느냐에 따라 이 세 가지의 중요도가 달라진다. 인포그래픽을 학술적인 용도 혹은 이익을 내는 것과 관련이 없는 정보 전달 차원에서 사용한다면 '얼마나 이해가 잘 되는가' 하는 것이 가장 중요하다. 그리고 그다음이 '오래 기억되는 것', 그리고 마지막이 '얼마나 보기에 매력적인가'가 될 것이다. 광고처럼 상업적인 목적으로 인포그래픽이 사용된다면 이 중요도의 우선순위는 달라진다. 당연히 '얼마나 보기에 매력적인가'가 먼저이고, 그다음은 '오랫동안 기억되는 것', 그리고 마지막이 '얼마나 이해가 잘 되는가'이다. 인포그래픽이 신문과 같은 미디어에 사용될 때는 어떨까? 일단 이것도 '매력적인 것'이 먼저이다. 그리고 '쉽게 이해되는 것', '오래 기억되는 것' 순이다. 물론 이 세 가지

요소가 완전히 분리되어 있는 것은 아니다. 결국 '눈에 끌리는 것'과 '오랫동안 기억되는 것'도 '이해하기 쉬운 디자인'을 통해서 구현될 수 있다.


## 5. 인포그래픽을 접할 때 주의해야 할 점

인포그래픽은 눈에 띄는 그래프나 그림으로 정보를 전달하기 때문에 실제로 인포그래픽에 사용되는 원의 크기 혹은 색상을 선정할 때 정보가 왜곡될 수도 있다. 사람들은 숫자보다는 원의 크기나 색상이 먼저 눈에 들어오기 때문에 적은 숫자를 가리키면서도 원 등의 크기를 크게 해서 잘못된 정보를 줄 수 있다. 우리의 눈을 즐겁게 하고 정보도 쉽게 전달해주는 매력적인 미디어지만 이런 점도 주의하면서 인포그래픽의 정보를 이해해야 한다.

　인포그래픽을 제작할 때 인포그래픽의 가장 중요한 목적은 '정보 전달'이라는 것을 잊어서는 안 된다. 화려한 색상이나 도형, 그림보다도 자신이 갖고 있는 정보나 통계를 가장 잘 표현해줄 수 있는 방법을 생각해봐야 한다. 지나치게 복잡한 통계 자료를 억지로 인포그래픽으로 간단하게 표현하려고 하다가 정보가 왜곡될 수 있다는 점도 기억해야 한다.

# 미디어로 수업하기

효과적인 정보 전달로 사람들 설득하기

1차시 인포그래픽 읽어보기

## 1. 다음 인포그래픽은 어떤 정보를 담고 있고, 우리에게 어떤 깨달음을 전달해주고 있는지 이야기해봅시다.

이 인포그래픽은 학교와 같은 교육기관에서 매년 실시하고 있는 심폐소생술에 관한 내용입니다. 심폐소생술에 대해서 교육을 듣고 시범을 봐도 한번 지나가면 기억이 잘 나지 않습니다. 그런데 제시한 인포그래픽을 보면 첫 번째 인포그래픽에서는 우리나라의 심폐소생술 실시율이 매우 떨어진다는 것을 알게 되고, 심폐소생술을 시작한 시간과 생존률의 관계를 알 수 있습니다. 그리고 심폐소생술 방법은 그림과 짧은 글로 비교적 간단하고 명확하게 보여주고 있습니다.

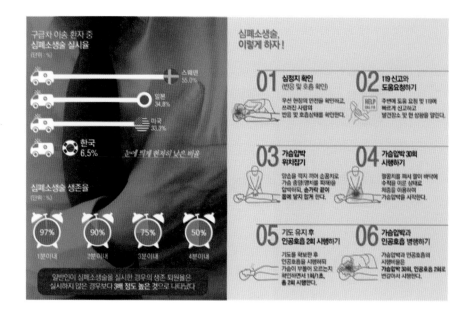

2. 다음 인포그래픽을 살펴보면서 어떤 메시지를 주고 있는지 이해하기 위한 질문을 만들어봅시다.

| 메시지 이해를 위한 질문 | 〔예시〕<br>이 인포그래픽은 무엇에 관한 내용인가요?<br>정보를 전달하기 위해서 어떤 색상이 사용되었나요? 그 이유는 무엇일까요? |
| --- | --- |
|  |  |

음식물 쓰레기에 관한 사실

전 세계에서 생산되는 음식물 중의
3분의 1이 버려지고 있음

무게로 치면 13억 파운드
↓
30억 명이 먹기에 충분한 양

8억 500만 명이 매년 굶주리고 있음
↓
음식물 낭비는 말이 안 되는 이야기

위 인포그래픽은 버려지는 음식물에 관한 것입니다. 전 세계적으로 생산되는 음식의 3분의 1이 버려지고 있으며 그 무게는 13억 파운드에 달하는데, 이것은 약 59만 톤에 해당합니다. 그리고 이 양은 30억 명이 먹기에 충분한 양이라고 합니다. 전 세계에서는 매년 8억 500만 명이 굶주리고 있는데, 이런 상황에서 이렇게 많은 음식물이 버려지고 있다는 것은 말이 되지 않는다는 내용입니다.

**3. 2에서 제시한 인포그래픽은 우리에게 어떤 메시지를 전달하고 있는지 생각해봅시다.**

한눈에 쏙 들어오는 시각화 자료

**1. 다음 두 가지 이력서를 살펴보고 어떤 것이 더 정보 전달이 쉬운지 생각해봅시다.**

# 이 력 서

| 성 명 | (한글) 김용석　　　(한자) 金龍石 |
|---|---|
| | (영문) Kim Youngseok |
| 주민등록번호 | 920902-1234567 ｜ **나이** ｜ 만 26세 |
| 주 소 | (300-752) 대전광역시 서구 복수동 |
| | 복수아파트 101동 1020호 |
| 연락처 | (전화) 042-123-4567 |
| | (Mobile) 010-1234-5678 |
| | (E-mail) youngsoek@ggmail.com |

**학력 사항**

| 학교명 | 재학 기간 | 전공 | 소재지 | 학점 |
|---|---|---|---|---|
| 해천고등학교 | 2008년 3월 ~ 2011년 2월 | - | 대전 | - |
| 한국대학교 | 2011년 3월 ~ 2017년 2월 | 광고홍보학과 | 대전 | 3.8/4.5 |

**병력 사항**

| 구분 | ☐ 병역필 ☐ 미필 ☐ 산업기능요원 ☐ 전문연구요원 | **군별** | 육군 |
|---|---|---|---|
| 계급 | 수경 ｜ **복무 기간** ｜ 2013년 11월 ~ 2015년 8월 (21개월) | | |

**자격 사항**

| 자격명 | 취득 일자 | 발급 기관 |
|---|---|---|
| | | |
| | | |
| | | |

**능력 사항**

| Computer Skill | | 어학 사항 | |
|---|---|---|---|
| illustrator | 상 | Toeic | 870 |
| indesign | 상 | | |
| photoshop | 상 | | |

**경력 사항**

| 회사(기관)명 | 기간 | 담당 부서 | 업무 내용 |
|---|---|---|---|

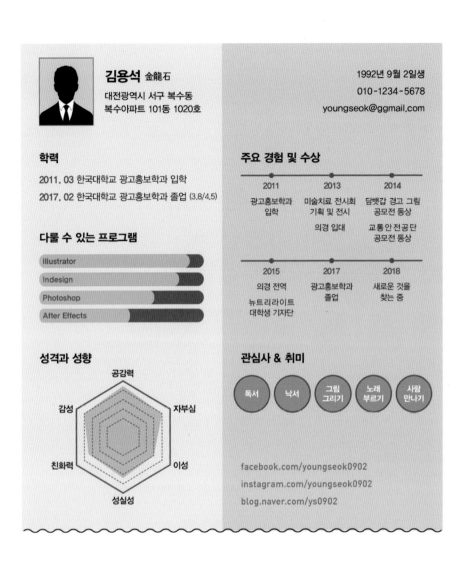

## 학력

2011. 03 한국대학교 광고홍보학과 입학
2017. 02 한국대학교 광고홍보학과 졸업 (3.8/4.5)

## 다룰 수 있는 프로그램

Illustrator
Indesign
Photoshop
After Effects

## 성격과 성향

공감력
자부심
감성
이성
친화력
성실성

## 김용석 金龍石

대전광역시 서구 복수동
복수아파트 101동 1020호

1992년 9월 2일생
010-1234-5678
youngseok@ggmail.com

## 주요 경험 및 수상

| 2011 | 2013 | 2014 |
|---|---|---|
| 광고홍보학과 입학 | 미술치료 전시회 기획 및 전시 | 담뱃갑 경고 그림 공모전 동상 |
| | 의경 입대 | 교통안전공단 공모전 동상 |

| 2015 | 2017 | 2018 |
|---|---|---|
| 의경 전역 | 광고홍보학과 졸업 | 새로운 것을 찾는 중 |
| 뉴트리라이트 대학생 기자단 | | |

## 관심사 & 취미

독서　낙서　그림 그리기　노래 부르기　사람 만나기

facebook.com/youngseok0902
instagram.com/youngseok0902
blog.naver.com/ys0902

한눈에 보기에도 인포그래픽으로 만들어진 이력서가 눈에 더 잘 들어오고 입사 담당자의 시선을 끌 것 같습니다. 물론 인포그래픽 이력서가 모든 경우에 효과적인 것은 아닙니다. 그렇지만 앞으로 여러분이 지원하게 되는 회사가 정보 통신이나 마케팅과 관련된 곳이라면 평범한 이력서보다는 인포그래픽 이력서를 시도해보는 것은 어떨까요.

**2. 나를 잘 모르는 사람들에게 나를 소개할 수 있는 '나 사용 설명서'를 만들어봅시다.**

| 이름 | | 연락처 | |
|---|---|---|---|
| 내가 지금<br>소속된 곳 | | | |
| 나를 행복하게<br>하는 것 | | | |
| 나를 슬프게<br>하는 것 | | | |
| 나만의<br>장단점 | | | |

**3. 위의 정보를 바탕으로 '나 사용 설명서'를 인포그래픽으로 만들어봅시다.**

\* 여러분이 살고 있는 지역에서 개선하고 싶은 점이 무엇인지 생각해보고 모둠별로 이를 인포그래픽으로 표현해봅시다. 인포그래픽으로 표현한 뒤에는 해당 자료를 구청이나 시청과 같은 공공기관 홈페이지 게시판에 올려봅시다.

역할 분담하기

| 해야 할 일 | 담당자 | 비고 |
|---|---|---|
| 의견 조사하기 | | • 가급적 많은 사람의 의견을 조사할 수 있도록 모둠원별로 조사 범위를 나눈다.<br>• 설문지를 만드는 것도 좋고 심층 인터뷰를 하는 것도 좋다. |
| 자료 모으기 | | 마을에서 개선해야 할 점으로 조사된 내용을 모아서 정리한다. |
| 자료를 종합하여 개선할 점 정하기 | 모두 참여 | 조사한 자료를 종합하여 우리 마을에 개선해야 할 점이 무엇인지, 그 이유는 무엇인지, 개선이 된다면 좋은 점은 무엇인지를 정리한다. |
| 인포그래픽으로 표현하기 | | 위에서 조사한 내용을 인포그래픽으로 표현한다. |
| 구청 혹은 시청의 게시판에 올리기 | | 구청, 시청 홈페이지 혹은 SNS 등에 조사한 내용을 올린다. |

## 설문지 예시

연령: 10대(  ), 20대(  ), 30대(  ), 40대(  ), 50대 이상(  )
성별: 남(  ), 여(  )

1. 우리 마을에서 가장 개선되면 좋겠다고 생각하는 것은 무엇인가요?
   1) 문화 시설 확충      2) 주차 문제 개선      3) 공원 등의 휴식 공간
   4) 깨끗한 주변 환경    5) 소음 문제          6) 기타 (자세히 적어주세요)


2. 1에서 선택한 것과 같은 문제점을 제시한 이유는 무엇입니까?



3. 그 문제점의 대안으로 생각하는 점을 자세히 적어주세요.



요즘에는 인포그래픽을 만드는 다양한 도구들이 있습니다. 무료 인포그래픽 프로그램인 'Vector'를 이용해서도 만들 수 있고, 파워포인트 형태로 되어 있는 공유 가능한 자료도 많습니다. 그렇지만 급할 때는 손으로 직접 그려서도 얼마든지 의미 있는 인포그래픽을 만들 수 있습니다.

# 9

# 꿈과 현실로 짠 스크린

영화

영화를 사랑하는 첫 번째 방법은 좋아하는 영화를 두 번 세 번 보는 것이고,

두 번째 방법은 그 영화에 대한 평을 쓰는 것이며,

마지막 세 번째 방법은 직접 영화를 만드는 것이다.

프랑수아 트뤼포(영화감독)

# 미디어 이해하기

---

## 1. 움직이는 그림

뤼미에르 형제는 영화 카메라를 들고 기차역으로 가서 기차가 도착하고 사람들이 내리고 올라타는 장면을 촬영하였다. 그리고 이 3분짜리 영상은 1895년 12월 28일 파리의 그랑 카페에서 33명의 관객에게 유료로 상영되었다. 이것이 역사상 최초의 영화 상영이다. 그날 관객들은 열차가 역으로 들어오는 장면에서 실제로 열차가 스크린 밖으로 튀어나오는 줄 알고 기겁을 하며 도망을 쳤다고 한다. 그만큼 스크린 위에 펼쳐진 움직이는 영상이 당시 사람들에겐 커다란 충격이었던 것이다. 영화가 너무나 익숙한 우리가 보기엔 재밌는 해프닝이지만 사실 우리가 여전히 영화에 매료되는 이유는 영화가 이렇게 우리에게 '움직임'을 보여주기 때문이다. 영화는 여전히 세상을 가장 현실적으로 재현하는 미디어이다.

그러나 이러한 움직임이 사실은 정지된 사진들의 연속된 흐름이다. 영화를 볼 때 우리 눈에는 1초에 24장의 사진들이 지나간다. 그런데 우리 눈이 그

눈속임을 알아채지 못하기 때문에 우리는 스크린 속 세계를 실제 움직이는 세상처럼 느끼는 것이다.

오늘날의 영화는 훨씬 더 적극적으로 현실을 재현하고 있다. 컴퓨터 그래픽스CG 등을 사용한 시각적인 특수 효과의 발달은 영화에서 재현할 수 있는 현실의 폭을 훨씬 넓혀놓았다.

영화 〈라이프 오브 파이〉에 등장하는 호랑이 리차드 파커는 100퍼센트 CG로 만들어진 것이다. 1, 2편이 모두 1000만 관객을 넘은 〈신과 함께〉는 CG를 통해 지옥의 모습을 생생하게 표현해 큰 호응을 얻기도 하였다. 이제 영화가 표현할 수 없는 것은 없다.

영화는 세계를 가장 현실적으로 재현하는 미디어이면서 동시에 가장 환상적인 꿈을 꾸게 하는 미디어라고 볼 수 있다. 그러므로 스크린 앞에서는 영화가 주는 사실감에 몰입하며 영화를 감상하더라도 극장을 나와서는 영화가 현실의 불완전한 재현일 뿐이라는 사실을 인식하고 있어야 한다. 영화는 기본적으로 우리를 속이고 있다. 그리고 그 속임수는 카메라의 프레임 설정과 치밀하게 계산된 장면 구성, 그리고 잘 짜인 편집으로 만들어진 것이다.


## 2. 카메라로 말하는 영화 – 쇼트와 프레임

소설에는 서술자가 있어서 인물을 묘사하고 사건을 진행시킨다. 영화는 이런 일들을 카메라가 대신한다. 카메라는 하나하나의 영상을 프레임에 담아낸다. 관객들은 카메라의 프레임에 담긴 영상만을 볼 수 있다. 즉 프레임은 어떤 대상은 선택하고 어떤 대상은 배제한다. 프레임의 힘은 대단히 강력하다. 예를 들어, 영화 〈써니〉와 〈1987〉은 모두 1980년대를 배경으로 하고 있지만 사뭇 다른 느낌으로 다가온다. 그 이유는 〈써니〉의 프레임이 여고 시절의 낭만과 추억을 담아냈다면, 〈1987〉의 프레임에는 당시의 억압적인 정치현실과 민주화운동의 현장이 주로 담겨 있기 때문일 것이다. 이처럼 프레임에 어떤 것을 담아내고 어떤 것을 배제하느냐에 따라 같은 배경이지만 전혀다른 이야기를 전할 수 있다.

카메라가 대상을 얼마나 길게 보여줄 것이냐에 따라서도 전달되는 이야기의 색깔은 많이 달라진다. 이를 표현하는 개념이 바로 쇼트이다. 쇼트는 스크린의 영상이 잘라짐(컷) 없이 지속되는 것을 말하는데, 그 시간이 짧으면 숏테이크, 길면 롱테이크라고 한다. 액션 신이나 추격 신이라면 상황의 급박함을 전하기 위해 숏테이크를 사용할 것이다. 반면 관객들이 대상을 찬찬히음미하고 장면의 상황에 대해 깊이 생각하게 하고 싶다면 롱테이크 기법을 사용할 것이다. 롱테이크 기법은 주로 예술 영화에서 많이 사용된다.

카메라는 대상과의 거리나 각도를 조절하며 이야기를 전달하기도 한다. 에를 들어, 영화에서 대상을 강조하고자 할 때는 카메라로 대상을 클로즈업한다. 클로즈업은 대상을 마치 가까이에서 보는 것처럼 느끼게 하는데, 예를 들어 영화가 인물의 얼굴을 클로즈업하면 관객들은 그 인물의 감정이나 그 인물이 처한 상황을 자세히 느낄 수 있다.

카메라가 대상을 멀리서 잡아 보여주면 어떨까? 왼쪽 장면을 보면 다른 행성을 탐사하고 있는 네 사람을 보여주고 있다. 이 장면은 인물들보다 오히려 배경이 강조되어

〈인터스텔라〉

꿈과 현실로 짠 스크린

〈킹스맨〉 〈부산행〉 〈아이 캔 스피크〉

있다. 관객은 인물에 감정 이입하기보다 그들이 어디에 있고 지금 무슨 일을 하는가와 같은 객관적 정보에 더 집중하게 된다.

카메라는 대상을 다양한 각도에서도 보여줄 수 있다. 아래에서 위로, 위에서 아래로 그리고 같은 높이에서 대상을 보여주기도 한다.

위 첫 번째 영화 장면처럼 아래에서 위로 대상을 잡는 '앙각'은 인물을 과장되게 보이게 한다. 그래서 인물의 도도함이나 자신감 혹은 강한 힘을 가진 권력자임을 표현할 때 많이 사용한다. 반면 〈부산행〉의 장면처럼 위에서 아래로 인물을 내려다보는 '부감'은 인물의 무기력함, 나약함, 좌절이나 패배 등을 표현할 때 사용한다. 또한 대상을 같은 눈높이에서 바라보는 '평각'은 관객들에게 심리적으로 안정감을 준다. 평각 속의 인물들의 관계도 안정적으로 느껴진다. 영화 〈아이 캔 스피크〉의 위 장면은 초반에 앙숙이던 나옥분 할머니와 민재가 이제 서로를 이해하는 안정적인 관계가 되었음을 표현하고 있다.


### 3. 한 장면이 갖는 깊이 – 미장센

관객들이 보는 프레임 안의 인물과 사물 그리고 배경은 아무렇게 놓인 것이

영화 〈슈퍼맨〉의 한 장면

이니다. 감독은 인물들과 주변 사물들의 배치 그리고 빛과 그늘의 효과 등을 치밀하게 계산하여 한 프레임 안의 화면을 구성한다. 이렇게 어떤 메시지를 전하기 위해 한 장면을 시각적으로 구성하는 작업을 미장센이라고 한다. 영화를 더 깊이 보기 위해서는 감독이 어떻게 장면을 짜 넣었는지를 생각하면서 봐야 한다.

영화 〈슈퍼맨〉(1978)에서 어린 클락이 자신의 괴력을 발휘하는 장면을 보자. 카메라는 앙각을 사용해 어린 클락의 괴력을 강조하고 있다. 그러나 이 장면의 세부들은 더 많은 것을 말하고 있다. 인물들의 배치를 보면, 지구에서 클락을 키우게 되는 조나단 부부는 화면에서 들어올린 트레일러 밑에 위치해 있다. 어린 클락보다 훨씬 작게 보이며 무거운 트레일러 밑에 위치해 위태롭고 무기력해 보인다. 이 장면은 앞으로 슈퍼맨이 지구에서 어떤 일을 하

꿈과 현실로 짠 스크린

영화 〈하녀〉의 한 장면

게 될지를 암시하고 있다. 허리 밑이긴 하지만 붉은 망토를 걸친 어린 클락
은 이미 슈퍼맨이다.

다음은 임상수 감독의 〈하녀〉의 한 장면이다. 프레임의 왼쪽과 오른쪽이
극명한 대조를 이루고 있다. 왼쪽에는 부유층 가족이 안락한 욕조에서 휴식
을 취하고 있다. 반면 오른쪽에는 이 가정에서 하녀로 일하고 있는 여성이
의자에 앉아 있다. 만약 아이가 목이라도 마르다고 한다면 빨리 물을 가져
다줘야 하니까 말이다. 부유층 가족이 목욕을 하고 있는 공간은 밝고 깨끗
하다. 반면 하녀가 있는 공간은 어둡다. 부유층 가족이 얼굴을 들어 창밖을
꼿꼿하게 바라보는 반면, 하녀는 고개를 숙이고 책을 보고 있다. 밝음과 어
둠, 인물들의 자세 등을 극명하게 대조시켜 화면을 구성하면서 감독은 부유
층 가족과 하녀 사이의 권력과 부의 차이를 잘 보여주고 있다.

〈라라랜드〉의 light house 카페에서의 장면들이다. 이 장면들에서는 인물들의 뒤에 등대 그림이 배치되어 있다. 카페 이름이 등대이기에 카페의 인테리어에서 등대 그림이 있는 것은 자연스럽다. 그러나 이 영화가 꿈을 찾아가는 세바스찬과 미아의 이야기임을 생각하면 등대 그림은 평범한 배치로 읽히지 않는다. 그림에는 등대 주위로 구름과 별들이 있고 파도가 치는 바다에는 범선이 항해를 하고 있다. '라라랜드'는 'city of stars', 즉 별들의 도시이다. 세바스찬과 미아도 이 도시에서 밤하늘에 빛나는 별이 되고 싶다. 그리고 light house 카페는 말 그대로 꿈을 향한 그들의 길을 인도해줄 등대 같은 곳이다. 이곳에서 세바스찬과 미아는 만나게 되고 사랑을 하게 된다. 그렇다면 빛을 비춰줄 등대는 세바스찬에게는 미아이고 미아에게는 세바스찬이라고 해석할 수도 있다.

## 4. 영화는 결국 편집 놀음

영화에서 장면을 하나하나 만드는 것 못지않게 중요한 것은 편집이다. 현장에서 촬영된 모든 영상은 반드시 편집이란 과정을 거친다. 영화는 촬영한 모든 영상을 순서대로 다 보여주지 않는다. 감독은 촬영한 영상 중에서 필요

꿈과 현실로 짠 스크린

없는 부분은 잘라내고 자신이 선택한 장면들을 적절하게 붙여서 새로운 영상을 만들어낸다. 이렇게 장면과 장면을 감독의 의도를 담아 새롭게 붙이는 편집 방식을 '몽타주'라고 한다. 예를 들어, 픽사의 애니메이션 〈UP〉에서 칼과 엘리의 결혼 생활 장면은 아주 오랜 시간 동안의 일을 압축하여 보여주는 몽타주 기법을 사용하고 있다.

때로 몽타주 기법은 서로 이질적인 장면들을 겹치게 하여 감독의 의도를 더욱 효과적으로 전달하기도 한다. 예를 들어, 〈반지의 제왕〉에서 첫째 아들 보로미르의 죽음 이후 온전한 정신을 잃은 데니소르 2세가 자신의 둘째 아들 파라미르를 이길 가능성이 없는 전투에 내몰아 결국 죽게 만드는 장면이 몽타주 기법으로 표현되고 있다. 아버지의 명령을 거역할 수 없는 파라미르가 오크 군대에게 돌진하는 장면의 중간중간에, 아들이 죽어가는 순간에 게걸스럽게 식사를 하고 있는 데니소르 2세와 그러한 비극의 순간을 지켜보며 슬픈 노래를 부르는 피핀 툭의 모습을 붙여 보여주면서 아버지와 아들 사이의 비극은 물론 곤도르라는 나라의 절망적인 운명을 몽타주 기법을 통해 표현하고 있다.

## 5. 영화의 정치성 – 영화의 현실성과 상업성

영화는 현실의 재현이면서 동시에 현실을 감독의 의도에 따라 변형하여 보여준다. 감독은 영화의 장면을 의도를 갖고 구성한다는 말이다. 이것은 영화가 현실을 사실적으로 재현하는 미디어일 뿐만 아니라 제2의 현실을 구성하고 만들어내어 관객에게 특정한 메시지를 던지기도 한다는 것을 의미한다. 이러한 매체의 특성 때문에 때로 권력은 영화를 정치적 선동의 도구로 사용하기도 했다. 예를 들어, 레니 리펜슈탈의 〈의지의 승리〉는 나치 정권의 전당대회를 찍은 다큐멘터리 영화로, 모든 기법을 동원해 히틀러를 영웅처럼 보이게 하였다.

이렇게 명백한 정치적 영화가 아니더라고 많은 영화가 정도의 차이는 있겠지만 정치와 무관하지 않다. 특히 할리우드 영화를 많이 보게 되는 관객들은 자신도 모르게 미국 중심적 사고에 물들게 된다. 마블 시리즈의 영화들은 '팍스 아메리카나Pax Americana'를 은연중에 관객들에게 주입한다. 스파이더맨 뒤로는 거대한 성조기가 펄럭이고 있고, 어벤져스의 리더인 캡틴 아메리카는 이름과 복장부터가 미국을 상징하는 캐릭터이다. 이런 영화들을 보면서 관객들은 세계 평화를 지켜나가고 있는 나라는 미국이고, 그러므로 미국의 적은 모두 악이라는 생각을 무의식적으로 받아들이게 된다. 실제로 우리가 갖고 있는 중동의 국가들과 이슬람에 대한 부정적인 이미지들은 할리우드 영화로부터 영향을 받은 바가 크다.

영화의 정치성은 정치적 이념뿐만 아니라 우리의 일상적 삶에 스며든 문화적 측면과도 연관이 깊다. 일례로 한국 영화 중에서 1000만 관객을 넘긴 영화들을 보면 장르를 불문하고 가족의 의미를 강조하고 있는 영화가 많음을 확인할 수 있다. 우리나라에서는 강한 이미지의 여성이 주인공인 영화들은 흥행에서 성공한 적이 없다. 흥행에 성공한 한국 영화에서의 여성 인물들은 대개 '어머니'나 '딸'인 경우가 많다. 이러한 사례에서 한국의 관객들은 '가족'이란 가치를 매우 중요시하며, '여성'이 누구의 '어머니'나 '딸'로서 가족에 속하지 않고 주체적이고 강한 주인공으로 등장하는 것을 불편해한다는 것을 알 수 있다. 그러한 관객들의 성향에 맞춰 영화를 계속 만들어간다면 우리 사회가 가지고 있는 가부장적이고 가족 중심적인 사고는 더욱 강화될 것이다. 그러므로 영화를 볼 때에는 이렇게 영화에 스민 정치성을 비판적으로 검토할 수 있어야 한다.

꿈과 현실로 짠 스크린

한 가지 또 잊지 말아야 할 것이 있다. 영화는 관객들의 돈이 필요한 미디어라는 사실이다. '시네마cinema'라는 말을 들어보았을 것이다. '시네마'는 영화를 표현하는 다양한 이름 중 하나인데, 이 말은 '영화 전용 극장'을 뜻한다. 영화 전용 극장이 생겨난 이유는 좀 더 많은 사람을 한 공간에 집어넣어서 입장료를 받기 위해서였다. 그렇게 시네마는 탄생했고, 그와 함께 영화 관객이라는 집단이 생겨났다. 영화를 습관적으로 보는 영화 관객 집단의 탄생은 영화 제작에 더 많은 자본이 들어가는 것을 가능하게 했고, 영화 산업의 덩치를 키웠다. 영화가 대량 생산·유통되기 시작한 것이다. 우리가 보는 영화는 단지 하나의 문화 상품일 뿐만 아니라 그 뒤에는 어마어마하게 큰 산업 체계가 자리 잡고 있다.

오늘날 영화와 자본의 관계는 더욱 밀착되고 있다. CGV, 롯데시네마, 메가박스 같은 거대 유통사들은 스크린을 독과점하고 있고, 대부분의 스크린을 할리우드와 한국의 블록버스터 영화들에 할애하고 있다. 이러한 영화 시장의 구조에서 독립영화나 제3세계의 영화는 위축될 수밖에 없다. 그리고 결과적으로 이는 다양한 영화를 볼 수 있는 기회를 차단하는 것이므로 관객들의 피해로 이어지게 된다. 영화는 그 탄생부터 자본과 밀접한 관계를 맺고 있었다. 하지만 자본과 긴장 관계를 유지할 때, 관객들은 작품성을 지닌 다양한 영화들과 만날 수 있다.

# 미디어로 수업하기

영화를 통해 고민한 주제를 영상으로 표현하기

**1차시** 단편영화 〈여름, 버스〉 읽기

〈여름, 버스〉는 버스에서 일어나는 두 개의 따뜻
한 에피소드를 그리고 있습니다. 첫 번째 에피소
드는 최 기사를 중심으로, 후반부는 박 기사를
중심으로 펼쳐집니다. 18분 정도의 짧은 단편영
화이기에 지루하지 않게 감상할 수 있습니다. 유
튜브나 인터넷에서 제목을 검색하면 영화를 쉽
게 찾을 수 있습니다. 영화를 감상한 후 함께 활
동을 해봅시다.

**1. 〈여름, 버스〉를 감상하고 나서 첫 번째 에피소드와 두 번째 에피소드의 이야기를 정리해봅시다.**

| 에피소드 1 | |
| --- | --- |
| 등장인물 | |
| 사건 정리 | |
| 인상 깊었던 장면 | |

| 에피소드 2 | |
| --- | --- |
| 등장인물 | |
| 사건 정리 | |
| 인상 깊었던 장면 | |

영화도 이야기를 표현하는 미디어입니다. 그래서 영화를 볼 때는 항상 어떤 이야기인가를 생각하면서 봐야 합니다. 영화의 이야기 속에서 인물들 간의 갈등이 생겼다

가 해소되기도 하고, 그 사건 속에서 인물은 성공이나 실패를 경험하거나 기존에 몰랐던 삶이나 사회의 진실을 깨닫기도 합니다. 그리고 영화 속 이야기에서 만들어지는 이러한 변화들을 통해 감독은 관객들에게 주제를 전하려 합니다.

**2. 이 영화의 두 에피소드를 하나로 아우르는 주제는 무엇이라고 생각하나요? 친구들과 함께 이야기를 나눠봅시다.**

이 영화는 전체적으로 따뜻하고 밝은 느낌을 줍니다. 아마 두 버스 기사님의 밝고 따뜻한 표정과 행동 때문일 겁니다. 하지만 이 영화는 버스 기사님이 처한 어려운 상황들도 빼놓지 않고 담아내고 있습니다. 수요일의 이야기를 다시 보고 함께 아래의 활동을 해봅시다.

**3. 수요일의 이야기에서 버스 기사들이 처한 어려운 현실을 영화는 어떻게 표현하고 있는지 함께 이야기를 나눠봅시다.**

이 영화의 두 번째 에피소드는 최 기사님이 아픈 진구에게 버스를 태워주는 장면으로 끝납니다. 이 부분의 장면들은 특히 아름다운 미장센과 CG를 사용하여 환상적인 영상을 보여주고 있습니다. 친구들과 함께 다시 감상하면서 다음의 활동을 해봅시다.

꿈과 현실로 짠 스크린

**4. 위쪽 장면의 미장센 구성과 아래쪽 장면에서 사용된 CG 효과를 통해 감독이 표현하고자 한 것은 무엇일지 함께 이야기를 나눠봅시다.**

이 영화는 최 기사님의 이야기가 화요일에, 최 기사님과 박 기사님의 대화가 수요일에, 박 기사님과 진구의 이야기가 목요일에 시작됩니다. 그런데 관객들은 화요일에서 목요일까지의 이 흐름을 시간의 순서대로 받아들이기가 쉽습니다. 영화가 그렇게 순차적으로 보여주기 때문이지요.

**5. 이 영화가 편집하여 보여주는 사건의 흐름은 인물들의 대화나 사건의 인과관계를 생각하면 뭔가 이상한 점이 있습니다. 친구들과 함께 이상한 점들을 찾아보고 이 영화의 편집이 갖는 문제점들을 함께 생각해봅시다.**

정지우 감독의 영화 〈4등〉은 계속 4등만 하는 초등학생 수영선수 준호의 이야기를 그리고 있습니다. 준호는 수영이 재밌고 즐거울 뿐이지만 준호의 엄마는 준호가 1등이 되어 메달을 따기를 바랍니다. 그래서 준호의 엄마는 수영 국가대표 출신의 코치 광수에게 준호를 데리고 갑니다.

**1. 영화 〈4등〉의 줄거리를 정리해봅시다.**

영화를 비롯한 이야기를 읽을 때 인물의 성격을 파악하는 것은 매우 중요합니다. 인물의 성격은 갈등을 만들어내고 사건을 이끌어나가는 데 중요한 역할을 합니다. 이 영화의 등장인물들은 개성적인 성격을 가지고 있습니다. 친구들과 함께 영화를 보면서 느낀 인물들의 특징을 함께 이야기해봅시다.

## 2. 영화에 등장하는 주요 인물들에 대해 함께 이야기를 나눠봅시다.

(1) 인물들의 성격, 갈등 관계, 인물들이 원하는 것과 원하는 것을 방해하는 것 등을 정리해봅시다.

| 인물 | 인물 분석 | | |
|---|---|---|---|
| | 성격 | 누구와 갈등하고 있는가? | (자신에게 혹은 타인에게) 원하는 것은 무엇인가? |
| 준호 | | | |
| 준호 엄마 | | | |
| 광수 | | | |
| 준호 아빠 | | | |

(2) (1)에서 정리한 것을 바탕으로 인물의 삼각 구도를 그려봅시다.

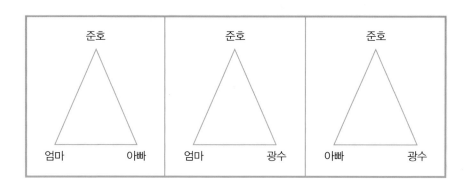

영화는 영화만의 언어를 통해서 우리에게 인물의 성격과 사건을 전달합니다. 예를 들어, 이 영화는 광수의 과거 이야기를 흑백으로 보여줍니다. 과거와 현재의 시간을 흑백과 컬러 화면의 구분을 통해서 보여주며 설명하고 있는 것이지요. 다음의 장면을 한번 볼까요?

이 장면의 흐름은 몽타주 기법을 사용하고 있어요. 첫 번째와 두 번째 장면은 프레임 안의 인물의 위치와 크기가 거의 동일합니다. 그래서 전혀 다른 배우지만 두 사람을 동일한 사람으로 인식하게 됩니다. 하지만 클로즈업된 두 광수의 모습을 비교해 보세요. 어린 광수의 눈빛과 표정에서 강한 힘을 느낄 수 있어요. 그러나 16년이 지

꿈과 현실로 짠 스크린

난 광수는 넋이 나가 보입니다. 촉망받던 수영계의 스타가 현재는 의욕을 잃고 실패한 인생을 살고 있다는 것을 몽타주 편집을 통해 표현하고 있는 것입니다. 세 번째 장면으로 넘어가면 광수가 여전히 수영 쪽의 일을 하고 있지만 변변치 못한 코치 생활을 하고 있다는 정보를 좀 더 객관적으로 전달하고 있지요. 광수가 어떤 인물인지를 영화는 이렇게 표현하고 있는 것입니다.

**3. 다음 장면을 보면서 친구들과 함께 이야기를 나누어봅시다.**

  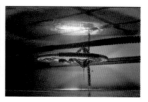

(1 : 36 : 20 ～ 1 : 39 : 20)

(1) 혼자 수영하는 준호의 모습에서 받은 느낌을 자유롭게 이야기해봅시다.

(2) 준호가 생각하는 수영은 무엇인가요? 그리고 영화는 이를 어떤 이미지로 형상화하고 있나요?

영화 〈4등〉의 주인공 준호는 수영을 좋아하는 소년입니다. 그리고 준호의 아름다운 영법은 한때 수영 천재였던 코치 광수에게 깊은 인상을 남길 만큼 준호는 수영에 뛰어난 재능을 가지고 있습니다. 그런데 문제는 준호가 계속 4등을 한다는 것입니다. 엄마는 4등만 하는 준호가 마음에 들지 않습니다. 준호의 엄마가 좀 심한 것 같기도 하지만, 우리 사회의 현실을 잘 반영하는 것 같기도 합니다. 여러분의 생각은 어떤가요?

**1. 다음은 준호가 계속 4등을 하고 있는 수영대회의 장면들입니다. 이 장면들을 보면서 감독이 표현하고 싶은 것은 무엇일지를 함께 이야기해봅시다.**

(23:38~27:15)

(1) 첫 번째 장면을 보면 레인을 따라 선수들이 연습을 하고 있습니다. 감독이 이런 장면을 삽입한 의도가 무엇일지 함께 이야기를 나눠봅시다.

(2) 대회 장면을 보면 선수들의 치열한 수영 레이스와 응원하는 부모들을 번갈아가며 보여주고 있습니다. 이러한 편집을 통해 영화가 표현하고 싶은 것은 무엇이었을까요?

(3) 인물들의 대사 중에서 가장 인상에 남았던 대사와 그 이유를 친구들과 함께 이야기해봅시다.

광수는 준호에게 수영을 가르치면서 체벌을 가합니다. 그리고 그 사실을 알게 된 준호 엄마는 마음은 아프지만 그 사실에 눈을 감습니다. 엄마는 준호가 맞는 것보다 4등을 하는 것이 더 무서웠기 때문이지요. 물론 지금은 광수 코치가 수영을 배웠을 때처럼 체벌이 만연해 있지는 않습니다. 하지만 여전히 다른 방식의 억압적인 교육은 존재하는 것 같아요. 그리고 그것이 효율적인 방법이라고 생각하는 것 같기도 합니다. 여러분은 혹시 그런 생각을 가진 적이 없나요?

**2. 광수는 천재 수영 선수였습니다. 그런데 경기 전날 술을 마시거나 팀 훈련 기간 동안 도박을 하느라 11일이나 무단이탈을 해서 감독에게 심한 체벌을 당하게 됩니다. 이 장면을 다시 보고 함께 이야기해봅시다.**

(1) 광수가 받은 체벌은 부당하다고 생각하나요? 아니면 이해가 가는 측면이 있나요?

(2) 체벌의 부당성을 보여주려 했다면 광수의 이야기는 적당하지 않습니다. 광수의 행동이 관객으로서도 이해가 잘 가지 않아 체벌의 피해자인 광수의 편에 서서 공감하기 어렵기 때문입니다. 감독은 왜 이렇게 이야기를 만들었을까요?

(3) 이 영화를 보면 체벌의 피해자였던 광수가 준호에게 체벌의 가해자가 되고, 역시 그렇게 피해자가 된 준호가 동생을 체벌하는 가해자가 되는 모습이 나옵니다. 그리고 가해자가 된 그들은 비슷한 논리로 체벌을 정당화합니다. 왜 이런 일이 일어날까요?

이 영화를 보면서 준호 아빠에 대해선 어떤 생각을 하였나요? 준호 아빠는 이 영화의 갈등 관계에서 주된 인물로 보이진 않습니다. 오히려 준호 아빠는 준호가 맞았다는 사실을 알고 나서 광수에게 바로 경고를 했고, 준호가 수영에서 1등을 해야 한다는 강압적인 태도도 취하지 않습니다. 그러면 준호 아빠는 좋은 사람일까요?

**3. 다음 장면들을 보면서 준호 아빠에 대해서 생각해봅시다.**

(1 : 10 : 00 ～ 1 : 12 : 40)

(1) 이 장면에서 준호 아빠의 행동은 광수가 준호를 가르치기 위해 체벌하는 행위와 비교할 때 비판할 만한 점은 없을까요?

꿈과 현실로 짠 스크린

(2) 아래 장면을 보면, 광수는 준호 아빠에 대한 감정이 좋지 않다는 걸 알 수 있습니다. 특히 준호에게 아빠에 대해 '이중인격자'라고 말합니다. 영화에서 광수가 준호를 이중인격자라며 증오하는 이유를 찾아봅시다.

(1 : 15 : 00 ～ 1 : 17 : 50)

(3) 눈에 보이는 체벌만이 폭력은 아닐 겁니다. 이 영화가 보여주는 우리 사회의 근원적인 폭력에 대해서 함께 이야기해봅시다.

이제 영화를 직접 만들어봅시다. 영화를 만들기 위해선 먼저 어떤 이야기를 할 것인지를 정해야 합니다. 영화에서 하고 싶은 이야기는 여러분의 문제와 너무 동떨어진 것을 고르면 곤란합니다. 자신에게 가장 가깝고 친밀한 소재와 관련된 이야기라야 잘 만들 수 있습니다. 예를 들어, 성적이나 친구 관계 혹은 부모님과의 갈등 같은 것들이 좋은 소재가 될 것입니다.

**1. 영화를 제작하려면 최소한 7~8명 정도가 필요합니다. 모둠을 결성하고 어떤 이야기를 할 것인지 함께 이야기를 나눠봅시다.**

어떤 이야기를 할 것인지를 정했다면 이제 역할을 분담해야 합니다. 영화는 혼자서 만들 수 있는 것이 아닙니다. 여러 사람의 협업을 통해 만들어지는 공동 작업입니다. 역할은 '감독, 프로듀서, 촬영감독, 소품 및 의상 담당, 배우'로 나누어집니다. 각각의 역할이 해야 할 일을 간단히 정리하면 아래와 같습니다.

- **감독**: 영화의 주제를 정확하게 이해하고 이를 영화로 만들어내는 데 가장 주도적인 역할을 해야 합니다. 촬영 현장을 지휘하고 배우들의 연기를 지도해야 합니다. 나중에는 촬영된 영상들을 편집도 해야 합니다. 감독은 가장 중요한 역할이므로 리더십과 책임감이 강해야 합니다.
- **프로듀서**: 바쁜 감독을 도와 영화 촬영과 제작에 필요한 제반 사항들을 책임져야 할 사람입니다. 제작 회의 장소와 촬영 장소를 섭외하고 배우들을 캐스팅하고 모둠원들 사이에서 약속 시간 등을 조율하는 등 영화 외적인 일을 맡습니다.

- **촬영감독**: 영화를 촬영하는 역할입니다. 인물이나 배경을 어떤 거리에서, 어떤 각도로, 어떤 조명으로 촬영할 것인지를 감독과 의논하여 촬영해야 합니다. 당연히 편집 단계에서도 감독과 함께 협업을 해야 합니다.

- **소품 및 의상 담당**: 장면에 필요한 각종 소품 및 의상을 구하고, 촬영 장소에서 가구나 물건 등을 배치하는 역할을 합니다. 미술이나 디자인에 감각이 있는 친구가 맡는 것이 좋습니다.

- **배우**: 주인공과 같은 주요 인물은 모둠에서 두세 명이 맡아야 합니다. 많은 대사를 외워야 하고, 좋은 연기가 나오기 위해서는 영화 제작의 전 과정에 함께 해야 하기 때문입니다. 그리고 선생님이나 부모님, 강아지나 고양이와 같은 반려동물을 캐스팅해도 좋습니다.


## 2. 이제 모둠원들의 역할을 정해봅시다.

| 역할 | 모둠원 |
| --- | --- |
| 감독 | |
| 프로듀서 | |
| 촬영감독 | |
| 소품 및 의상 담당 | |
| 배우 | |


이제 구체적으로 영화를 만들 단계입니다. 시나리오를 쓰기 전에 먼저 시놉시스를 써야 합니다. 시놉시스란 영화의 줄거리를 말합니다. 영화는 10분 내외로 만들어질 것이기에 사건이 많거나, 반대로 너무 적어선 곤란하겠지요. 시놉시스에 영화의 모든 사건을 다 담을 필요는 없습니다. 제작 과정에서 줄거리가 수정될 수도 있기 때문입니다. 대략적인 이야기가 어떻게 전개되는지, 영화가 이 이야기를 통해 어떤 주제를 전달하려는지가 읽는 사람에게 흥미 있게 전달되면 됩니다.

**3. 영화 〈4등〉의 시놉시스를 참고하여 모둠에서 만들 영화의 시놉시스를 써봅시다.**

영화 〈4등〉의 시놉시스

천재적인 재능을 가졌지만 대회만 나갔다 하면 4등을 벗어나지 못하는 수영 선수 준호. 하지만 1등에 대한 집착을 버리지 못하는 엄마의 닦달에 새로운 수영 코치 광수를 만난다. 심드렁한 표정으로 대회 1등은 물론, 대학까지 골라 가게 해주겠다고 호언장담한 광수는 준호 엄마에게 연습 기간 동안 수영장 출입 금지 명령까지 내린다. 대회를 코앞에 두고도 연습은커녕 항상 PC방 마우스나 소주잔을 손에 쥔 못 미더운 모습의 광수. 이래 봬도 16년 전 아시아 신기록까지 달성한 국가대표 출신이다. 의심 반, 기대 반의 시간이 지나고, 드디어 수영대회에 출전한 준호의 기록은 거의 1등! 1등과 0.02초 차이로 생애 첫 은메달을 목에 건다. 오랜만에 웃음소리가 떠나지 않는 준호네 집. 그런데 그때, 신이 난 동생 기호가 해맑게 질문을 던지는데……, "정말 맞고 하니까 잘한 거야? 예전에는 안 맞아서 맨날 4등 했던 거야, 형?" 동생의 말에 시퍼렇게 질린 얼굴처럼 멍투성이인 열두 살 준호의 몸. 준호는 좋아하는 수영을 계속할 수 있을까?

우리 모둠이 만들 영화의 시놉시스

| 영화 제목 | |
|---|---|
| 시놉시스 | |

시놉시스까지 마쳤다면 시나리오 작성으로 들어갑니다. 시나리오는 '신(scene) 제목+지문+대사'의 구조로 써야 합니다. 또한 신 제목에는 '신 번호, 장소, 시간대'가 들어가야 합니다. 촬영할 때 신 제목을 보고 계획을 세워야 하기 때문입니다. 배경이나 상황에 대한 설명은 지문으로 처리하고 인물들 간의 대사를 작성합니다.

## 4. 시놉시스를 토대로 다음의 예를 참고하여 시나리오를 작성해봅시다.

---

### S#4. 학교 운동장/ 낮

아무도 없는 운동장. 동휘와 진수가 운동장 구석에 있는 나무 밑에서 서 있다. 마주보고 있는 두 사람 사이에 긴장감이 돈다. 동휘의 손엔 종이쪽지가 있고, 진수는 팔짱을 끼고 있다.

진수 : 그래, 무슨 말 하려고 사람을 불러냈냐?
동휘 : (진수의 눈앞에 쪽지를 내보이며) 이 쪽지를 내 교과서 속에 끼워둔 거 너 맞지?
진수 : 무슨 말인지 모르겠는데. (고개를 돌린다.)
동휘 : (쪽지를 찢으면서) 내가 경고하는데, 다시 이런 짓 하면 가만있지 않을 거야.

표정이 굳어지는 진수. 동휘는 쪽지 조각들을 땅에 버리고는 뒤돌아 본관 건물로 걸어 들어간다. 동휘의 뒷모습을 계속 지켜보는 진수. 온몸을 부들부들 떨고 있다. 갑자기 날이 흐려진다. 곧 비가 올 것 같다.

---

시나리오 작성이 끝나면 콘티를 그립니다. 시나리오의 한 신을 콘티로 그릴 때는 좀 더 세분화된 장면으로 구성합니다. 예를 들어, 인물을 클로즈업한 후 대사를 할 때는 두 인물을 투 샷으로 잡을 것인지 등을 계획하는 작업이 바로 콘티 그리기입니다. 시나리오를 영상으로 어떻게 구현할지를 고민하는 작업이라고 할 수 있습니다.

## 5. 다음 예를 참고하여 콘티를 그려봅시다.

S#4. 학교 운동장/ 낮

| 번호 | 촬영 장면(그림) | 지문, 대사, 촬영 방식 |
|------|----------------|------------------------|
| 1 | 운동장 나무 밑에 서 있는 동휘와 진수의 모습 | 아무도 없는 운동장. 동휘와 진수가 운동장 구석에 있는 나무 밑에서 서 있다. 서로 마주보고 있는 두 사람 사이에 긴장감이 돈다. 동휘의 손엔 종이쪽지가 있고, 진수는 팔짱을 끼고 있다.<br><br>카메라: 운동장과 나무가 모두 나오도록 멀리서 두 인물을 잡는다. (Long Shot) |
| 2 | 동휘와 진수의 모습 | 진수: 그래, 무슨 말 하려고 사람을 불러냈나?<br>동휘: (진수의 눈앞에 쪽지를 내보이며) 이 쪽지를 내 교과서 속에 끼워둔 거 너 맞지?<br><br>카메라: 마주서 있는 두 사람을 옆에서 찍음. 인물의 머리부터 가슴까지 나오는 바스트숏으로 찍음. |
| 3 | 진수의 얼굴 | 진수: 무슨 말인지 모르겠는데. (고개를 돌린다.)<br><br>카메라: 진수의 표정이 잘 보일 수 있도록 클로즈업 |
| 4 | 동휘의 얼굴 | 동휘: (쪽지를 찢으면서) 내가 경고하는데, 다시 이런 짓 하면 가만있지 않을 거야.<br><br>카메라: 동휘의 표정과 쪽지를 찢는 모습이 함께 잡히도록 클로즈업 |
| 5 | | (하략) |

## 6. 콘티가 완성되었다면 친구들과 함께 영화를 찍어봅시다. 단, 다음의 사항들을 지키면서 모둠원 모두가 열심히 참여해야 합니다.

### ① 신 정보를 촬영할 때 반드시 보여주고 시작하자.
영화를 촬영할 때 현장에서는 신 번호, 날짜 등을 표시한 슬레이트를 사용한다. 슬레이트가 없으면 하얀색 종이에 신 번호와 날짜 등 신 제목을 쓰고 촬영을 시작할 때 이 종이를 먼저 카메라나 스마트폰 화면에 보이게 해야 한다. 만약 신에 대한 정보가 없다면 나중에 편집할 때 매우 곤란한 상황이 생길 수도 있다.

### ② 인서트 컷을 찍어놓자.
촬영한 신들만을 가지고는 자연스러운 흐름의 영화를 만들 수 없다. 신과 신 사이의 연결을 부드럽게 하기 위해서 인서트 컷이 유용하게 쓰일 수 있다. 예를 들어, 전날 밤 신에서 다음 날 아침식사 신을 서로 연결할 때 중간에 아침햇살이 나뭇잎 사이로 비추는 장면을 끼워 넣으면 관객은 좀 더 자연스럽게 느낄 수 있다. 그렇기 때문에 촬영 현장에서 편집 시 활용될 수 있는 다양한 인서트 컷들을 찍어놓는 것이 좋다.

### ③ 배우들은 큰 소리로 연기를 해야 한다.
실제 영화 촬영 현장에서는 녹음 장비를 사용한다. 그러나 스마트폰 등으로 촬영한다면 배우들은 큰 소리로 연기를 해야 한다. 소리가 잘 들리지 않을 수 있기 때문이다.

### ④ 다양한 촬영기법을 사용하자.
영화들은 대부분 화려한 촬영기법을 사용한다. 배우들을 풀샷으로만 잡아 계속 찍어놓으면 정말 재미없는 영화가 될 수 있다. 가능하면 책이나 유튜브 등에서 촬영기법 등을 공부하고 영화를 촬영하는 것이 좋다.

### ⑤ 각자의 역할에 충실하면서도 공동 작업임을 잊지 말자.
영화 제작은 결코 쉬운 일이 아니다. 배우는 연기를 잘해야 하고, 감독은 촬영 현장을 통제해야 하며, 프로듀서는 영화 촬영이 잘 이루어질 수 있도록 뒤에서 열심히 뛰어야 한다. 촬영감독은 다채롭게 배우들의 모습이나 배경을 촬영해야 하고, 의상과 소품을 담당한 사람은 아주 섬세하게 준비를 해야 한다. 그리고 전문가들이 아니기 때문에 서로 부족한 점을 채워주면서 협력해야 한다.

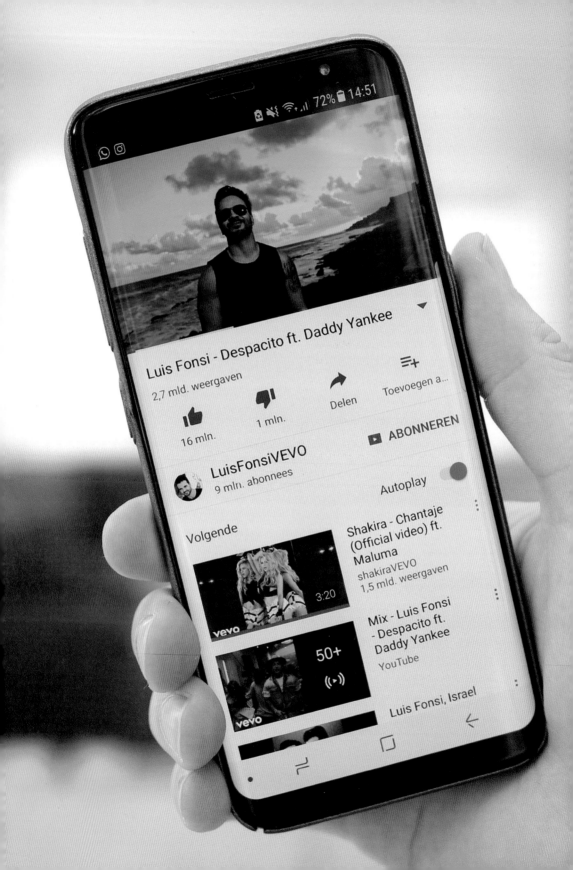

# 10

# 모든 영상이 모이는 곳

## 유튜브

외계인이 우리 지구에 대해 알고 싶어 한다면 구글을 보여줄 것이다.

그러나 우리 인간에 대해 알고 싶어 한다면 유튜브를 보여줄 것이다.

케빈 알로카(유튜브 문화트렌드 부문 책임자)

# 미디어 이해하기

## 1. 19초짜리 어설픈 동물원 영상으로 시작하다.

2005년 미국 샌디에이고 동물원의 코끼리 우리 앞에서 자베드 카림은 친구에게 동영상을 찍어달라고 부탁하였다. 코끼리 앞에서 그는 코끼리가 정말 멋진 긴 코를 가지고 있다는 말을 한다. 자베드 카림은 이 19초짜리의 영상을 자신이 만든 유튜브 사이트에 올렸다. 이 재미없는 동영상이 유튜브에 올라온 첫 번째 동영상이었다.

유튜브는 이렇게 어설프고 썰렁한 농담으로 시작했다. 유튜브를 창립한 자베드 카림은 온라인 결제 플랫폼인 페이팔의 초기 개발자 중 한 사람이었다. 그는 페이팔에서 채드 헐리와 스티브 첸을 만났고, 세 사람은 새로운 창업을 계획하였다. 그리고 "모두가 쉽게 비디오 영상을 공유할 수 있는 기술"을 생각하게 되었다. 그러나 그들이 처음 생각한 유튜브는 데이트 사이트였다. 사람들이 상대방의 나이와 성별을 선택하면 유튜브가 무작위로 적절한 상대 이성의 영상을 골라주는 식이었다. 그러나 사람들은 유튜브를 데이트

모든 영상이 모이는 곳

사이트로 이용하지 않았다. 사람들은 자신의 반려동물 영상이나 재밌는 장면 등을 찍은 영상 등을 더 많이 올렸던 것이다. 결국 유튜브는 데이트 기능을 없애고 '관련 비디오related videos' 항목을 신설하고 사용자들이 더 쉽게 자신이 원하는 동영상을 찾을 수 있도록 기능을 개편하였다. 유튜브는 1년 만에 3000만 명이 찾는 사이트로 성장했고, 유튜브의 엄청난 잠재력을 알아본 구글은 2006년 10월에 유튜브를 인수하게 된다. 2018년 현재 유튜브를 이용하는 사람들은 10억 명에 달하고, 매일 2억 개 이상의 동영상이 사람들에게 보여지고 있다.

우리나라는 유튜브가 가져온 미디어 환경의 변화를 가장 적극적으로 받아들이고 있는 나라이다. 2018년 한국언론진흥재단이 발표한 '전국 10대 청소년 미디어 이용 행태'를 비롯한 다양한 미디어 이용 조사 자료들을 보면, 10대 4명 중 1명이 유튜브나 아프리카TV와 같은 1인 방송을 시청하며, 특히 청소년들은 공중파 TV보다 유튜브를 더 많이 볼 뿐 아니라, 키워드 검색을 포털보다 유튜브를 통해 더 많이 하는 것으로 나타났다.

유튜브를 통해서 저스틴 비버 같은 팝스타가 등장했듯이 우리나라에서도 많은 유튜브 스타가 등장하였다. 게임과 관련된 콘텐츠를 방송하는 대도서관이나 엄청난 양의 음식을 먹는 먹방으로 유명한 벤쯔, 그리고 축구 관련 방송으로 K리그 홍보대사까지 맡게 된 감스트 등 새롭게 등장한 유튜브 스타들은 연예인들 못지않은 인기와 영향력을 가지고 있다. 공중파 TV에 유튜브 스타들이 등장하기 시작한 것은 이러한 변화를 반영하고 있는 것이다. JTBC의 〈랜선 라이프〉는 유튜브 스타들의 모습을 보여주는 프로그램이며, SBS의 〈가로채널〉은 유명 연애인들이 유튜버가 되어 조회수 경쟁을 하는 프로그램이다. 유튜브의 영향력을 실감한 연애인들 중 강유미, 악동뮤지션의 이수현, 에이핑크의 보미, 이수근 등은 자신만의 1인 방송을 진행하고 있으며, 유명 정치인들도 유튜버가 되어 유권자들과 만나고 있다. 유튜브는 이미 TV와 같은 기존의 미디어 강자들과 어깨를 나란히 하고 있다.

## 2. 유튜브에서 입소문을 타기 위한 세 가지 조건

유튜브에서 트렌드 매니저로 일하고 있는 캐빈 알로카는 TED에 나와 유튜브의 인기 영상들이 어떻게 확산되는지를 소개한다. 캐빈 알로카는 어떤 동영상이 입소문이 나서go viral 사람들로부터 큰 인기를 누리게 되는 데에는 세 가지 조건이 있다고 설명한다. 그 세 가지 조건은 '유행을 일으키는 사람들, 참여하는 커뮤니티들, 그리고 불확실성'이다.

먼저 '유행을 일으키는 사람들tastemakers'은 자신이 흥미롭게 본 영상을 대중에게 소개하는 사람들을 말한다. 자신의 집에서 하늘에 뜬 무지개를 찍으며 감탄사를 연발하는 한 동영상은 유명한 토크쇼 진행자인 지미 케멀이 트위디에 소개하기 전까진 조회수가 거의 없었다. 하지만 지미 케멀이 유행을 일으키는 사람이 되어 트위터에 동영상을 소개하고 난 후 이 동영상은 2018년 현재까지 누적 조회수가 4500만을 넘어선 상태이다.

'참여하는 커뮤니티들'은 어떤 동영상에 대해 대화하거나 패러디 영상을 제작하는 등 적극적으로 참여하는 사람들의 집단을 의미한다. 한마디로 사람들의 적극적인 참여를 이끌어내는 동영상이 널리 확산될 수 있는 가능성이 크다는 것이다. 일례로 루게릭병 진단을 받은 미국인 프레이츠가 루게릭병에 대해 알리기 위해 시작한 '아이스 버킷 챌린지'는 미국 전역을 휩쓴 뒤에 전 세계로 퍼져나갔다. '아이스 버킷 챌린지'가 이렇게 전 세계적으로 확산될 수 있었던 것은 사람들의 참여를 잘 이끌어냈기 때문이다. '아이스 버킷 챌린지'는 그 취지가 뜻깊었을 뿐만 아니라 실행하기도 쉬웠으며, 무엇보다 누구나 참여할 수 있었던 것이다. 싸이의 〈강남스타일〉 뮤직비디오가 2억 뷰를 돌파하며 전 세계인들에게 사랑받을 수 있었던 까닭은 무엇이었을까? 음악이 좋아서이기도 하지만 무엇보다 누구나 쉽게 따라할 수 있는 춤과 코믹한 영상 때문이었을 것이다. 싸이의 〈강남스타일〉 뮤직비디오는 사람들에게 화제를 끊임없이 던져주었고, 많은 사람에게 〈강남스타일〉을 패러디하고 싶은 참여의 욕구를 자극했던 것이다.

'불확실성'이란 독특하고 상상하지 못했던 영상이 사람들에게 주목을 받는다는 것이다. 사람들은 낯설고 새로운 것을 만나게 되면 그 경험을 다른 사람들과 나누고 싶어 한다. 캐빈 알로카가 추천하는 영상은 상어 옷을 입고 로봇 청소기를 타고 있는 고양이 영상이다. 아버지 대니얼 마컴과 아들 링컨 마컴이 제작한 '방울뱀의 방울 속에는 무엇이 들어 있나?'는 방울뱀의 방울 부분을 칼로 절단해서 안에 어떤 것이 들어 있는지를 확인하는 동영상이다. 이런 비디오 역시 평소 접할 수 없는 독특한 체험을 전하며, 무엇보다 사람들의 호기심을 자극한다. 이렇게 우리의 예상을 벗어나는 독특하고 특이한 영상들은 사람들의 관심을 끌기에 매우 적합하다고 할 수 있다.

'유행을 일으키는 사람들', '참여하는 커뮤니티들', '불확실성'은 유튜브에서 입소문을 타고 화제가 되는 영상들이 갖는 본질적인 특성들이다. 그러나 입소문을 타고 확산되는 영상들을 보면 공통점이 있는데, 그것은 콘텐츠의 내용 자체보다는 그것이 사람들의 네트워크에서 어떻게 작동하는가가 더 중요하다는 것이다. 콘텐츠가 빈약하더라도 그것이 사람들의 흥미를 끌고 누군가에 의해 대중에게 알려지고 사람들이 적극적으로 참여하는 양상이 펼쳐지면 새로운 스타가 탄생하고 문화가 만들어지며 사람들의 행동을 바꾸게 된다.

## 3. 누구나 아티스트가 될 수 있는 세상 – 패러디와 리믹싱

2018년 〈쇼미더머니 트리플세븐〉에 출연한 마미손은 얼굴에 핑크색 복면을 쓰고 등장하였다. 독특한 이름과 복면으로 궁금증을 유발하며 화제가 된 마미손은 랩 실수로 탈락하고 말았다. 하지만 마미손은 유튜브에 〈소년점프〉라는 곡을 올렸고, 인터넷에서 엄청난 인기를 끌게 되었다. 〈소년점프〉는 음원 차트 상위권에 곧 진입했고, 〈쇼미더머니 트리플세븐〉의 우승자인 나플라와 준우승을 한 루피의 곡보다 더 높은 순위를 차지하였다.

〈소년점프〉 뮤직비디오는 한강이나 농구장에서 랩을 하고, 고무장갑을 끼고 김장을 하는 모습을 보여주며 "폭염에 복면 쓰고 불구덩이에 처박힌 내 기분을 니들이 알아? 스웡스 기리 팔로 코쿤 악당들아 기다려라"라며 자신을 탈락시킨 프로듀서들을 저격하기도 하고, "이 만화에서 주인공은 절대 죽지 않아. OK. 계획대로 되고 있어. 소년점프 와다다다다다"와 같은 중독성 있는 가사로 시청자들의 눈과 귀를 사로잡았다. 무엇보다 사람들은 마미손의 〈소년점프〉를 패러디하여 자신들만의 〈소년점프〉를 만들기 시작하였다.

마미손의 뮤직비디오가 사람들의 참여 욕구를 불러일으킨 것은 그의 뮤직비디오가 많은 돈을 들여 잘 만들어진 뮤직비디오여서가 아니다. 오히려 반대로 B급 정서를 제대로 반영한 뮤직비디오는 사람들이 쉽게 자신만의 뮤직비디오를 만드는 데 유리하게 작용하였다.

패러디와 리믹싱은 유튜버들이 가장 많이 사용하는 방식이다. 패러디가 원본을 자기만의 방식으로 비틀고 조작하여 새로운 의미를 만들어내는 것이라면, 리믹싱은 원본의 요소들을 해체한 후 자르고 이어붙이면서 새로운 창작물을 만들어내는 것이다. 패러디와 리믹싱은 그 개념은 다르지만 유튜버들의 작품을 보면 두 가지가 섞여 있는 경우도 많다. 포고라는 유튜버는 디즈니의 애니메이션 〈이상한 나라의 앨리스〉의 음성과 배경음악을 분해한 후 잘

라붙여 전혀 새로운 음악으로 만들어냈다. 〈다운폴〉이라는 영화는 수많은 패러디 영상의 소재가 되었다. 이 영화에서 패러디되는 장면은 패전의 기색이 짙은 상황에서 히틀러가 부하들에게 불같이 화를 내는 장면이다. 이 장면은 분노하고 있는 히틀러의 말에 새로운 대사만 입히면 되기 때문에 영상을 만들기가 비교적 쉽다. 수능 시험을 앞두고 있는 수험생 히틀러, 게임을 하지 못하게 되어 화가 난 히틀러 등 다양한 상황에서 분노하는 수많은 히틀러가 만들어졌다.

이렇게 유튜브에서는 누구나 자신만의 작품을 만들어낼 수 있으며, 사람들에게 선보여 화제의 중심에서 스타 못지않은 인기를 얻을 수도 있다. 기존의 미디어들은 일방적으로 콘텐츠를 제작하여 전달하고 대중은 수동적으로 그 콘텐츠를 소비하기만 하였다. 그러나 유튜브와 같은 미디어는 시청자들이 콘텐츠를 소비할 뿐만 아니라 적극적으로 참여하여 자신들만의 콘텐츠를 만들어내는 기회를 제공한다. 얼마나 완벽한 콘텐츠를 만드느냐는 중요하지 않다. 유튜브에서 중요한 것은 사람들을 연결시킬 수 있는 힘이다. 스마트폰 하나만 있으면 누구나 쉽게 다양한 〈소년점프〉를 찍을 수 있다. 그것이 참여의 욕구를 불러일으키고, 누군가가 제작한 〈소년점프〉가 대화의 주제가 되며, 댓글로 응원하거나 혹은 비판하기도 한다. 이런 모든 적극적인 참여의 재미와 즐거움 속에서 사람들은 연결된다.


## 4. 진실을 밝히고 세상을 바꾸는 미디어

2009년 이란에서는 대통령 부정 선거에 항의하는 시민들의 시위가 벌어졌다. 시민들의 평화 시위에 정부는 총격을 가하였다. 그리고 여행사에서 아르바이트를 하며 대학에서 철학을 공부하고 있었던 네다 솔타니는 총에 맞아 숨을 거두게 된다. 네다가 총에 맞아 피를 흘리는 모습이 휴대폰으로 촬영되었고, 이 영상은 당시 네덜란드에 있었던 이란 남성 하메드에게 전송되었다. 하메드는 이 충격적인 영상에 '나는 네다I am NEDA'라는 제목을 붙여 유튜브에 올렸다. 이란은 물론 전 세계 사람들이 유튜브에서 네다가 총에 맞아 죽어가는 모습을 보았고, 이란 정부가 자국민들에게 얼마나 끔찍한 만행을 저지르고 있는지를 알게 되었다. 네다는 이란 반정부 시위의 상징이 되었다.

2015년 미국의 사우스캐롤라이나주 노스찰스턴에선 네 아이의 아버지였던 50세의 흑인 월터 스콧이 경찰이 쏜 총에 맞아 죽는 사건이 발생하였다. 당시 경찰은 월터 스콧이 차량 검문 중 도망을 쳤고 심지어 몸싸움 과정에서 경찰의 테이저건을 빼앗아 쏘려 했기 때문에 부득이하게 발포할 수밖에 없었다고 발표하였다. 그러나 경찰의 발표는 새빨간 거짓이었다. 23세 흑인 청년 페이딘 산타나는 총격이 발생했을 때의 상황을 휴대폰으로 촬영하고 있었고, 자신이 촬영한 영상을 월터 스콧의 가족에게 보냈다. 월터 스콧 가족 측은 그 동영상을 뉴욕타임스에 넘겼고, 뉴욕타임스는 유튜브를 비롯한 웹에 동영상을 올렸다. 동영상 속에서 경찰은 월터 스콧을 폭행했으며, 그의 옆구리에 테이저건을 갖다 댔다. 월터 스콧이 테이저건에서 빠져나와 도망을 치자 경찰은 그의 등을 향해 총을 쏘았다. 그리고 이미 죽은 스콧의 시신 옆에 테이저건을 떨어뜨렸다. 경찰의 흑인에 대한 반인권적 폭력이 다시 한 번 입증되는 순간이었다. 대중의 어마어마한 비난에 직면하게 된 경찰은 잘못을 시인했고, 노스캐롤라이나주 의회는 경찰관들에게 몸에 부착하는 카메라를 달도록 하는 법안을 통과시켰다.

위에서 든 두 사례는 유튜브가 권력이 감추려 하는 진실을 드러내고 더 나아가 부당한 세상을 바꾸는 데 기여할 수 있는 힘을 지닌 미디어임을 잘 보여준다. 지금은 누구나 스마트폰을 가지고 있고 세상의 모든 순간은 다

촬영될 수 있다. 기자들은 모든 곳에 있을 수 없지만 스마트폰은 모든 곳에 있기 때문이다. 오히려 사람들은 생생한 현장의 모습을 신문이나 TV 뉴스가 아닌 유튜브에서 찾아볼 수 있다. 유튜브는 재밌고 즐거운 사람들의 삶만 기록하는 것이 아니다. 유튜브는 어떤 용도가 정해지지 않았다. 사용자들이 유튜브를 어떤 목적에서 활용하고 시청할지는 사용자들 스스로가 정해나간 다는 것이야말로 유튜브가 가장 강력한 미디어가 된 이유일 것이다. 사람들은 유튜브를 재미와 즐거움의 도구로 사용하기도 하지만, 앞에서 봤던 것처럼 진실을 폭로하거나 정치적 참여를 이끌어내는 도구로 활용할 수도 있다.

## 5. 유튜브가 해결해야 할 숙제

유튜브는 많은 장점을 가지고 있는 미디어이다. 하지만 유튜브의 장점은 악용되기도 쉽다. 최근 초등학생들이 유튜브에 올리는 '엄마 몰카'가 사회적으로 적지 않은 파장을 일으켰다. 유튜브 검색창에 '엄마 몰카'라는 키워드를 입력하면 엄마의 모습을 몰래 찍은 영상이 여럿 등장한다. 장난감 총으로 위협하면서 엄마가 놀라는 모습을 올리기도 하고, 엄마가 설거지를 하고 있는 모습을 올리기도 한다. 아이들이 장난으로만 이런 영상을 올리는 것은 아니다. 아이들이 원하는 것은 조회수이다. 그리고 조회수를 높이기 위해서 아이들은 더 선정적인 몰카를 올리기도 한다. 아이들은 반려동물에게 폭력을 가하는 영상이나 다른 사람의 재산인 기물을 파괴하는 행위를 촬영해서 유튜브에 올리기도 한다. 이는 분명 심각한 범죄 행위이지만 아이들은 아무런 죄의식도 없이 이런 영상들을 올린다. 유튜브의 세계에서 조회수는 곧 권력이다. 유튜브에 익숙한 아이들은 그 사실을 너무나 잘 알고 있다.

이는 아직 미성숙한 아이들의 문제만이 아니다. 유튜브에서 조회수를 좀 더 얻기 위한 경쟁은 도를 넘어서고 있다. 일부 유튜버들의 콘텐츠를 보면 욕설이나 저급하고 성적인 농담 등 선정적인 내용을 경쟁적으로 다루고 있다. 2018년 3월에는 인터넷 방송을 진행하던 여성 진행자가 자신의 반려견을 안은 채 8층 건물에서 뛰어내려 자살한 사건이 발생하기도 하였다. 평소 우울증을 겪고 있던 진행자는 방송에서 투신하겠다는 말을 자주 하곤 했는데, 사건 당일 한 시청자가 뛰어내리라며 조롱하자 생방송 도중 극단적인 행동을 했던 것이다.

그렇다면 왜 이렇게 자극적인 영상들이 계속 만들어지는 것일까? 그것은 바로 조회수가 높을수록 더 많은 돈을 벌게 되는 인터넷 방송의 수익 창출 구조 때문이다. 유튜브는 조회수를 두고 치열한 경쟁이 펼쳐지는 전쟁터이다. 최근엔 심지어 유튜브 조회수를 올려주는 업체들이 등장하기도 하였다. 이들 업체는 돈을 받고 조회수와 '좋아요'의 숫자를 올려주고 댓글을 달아준다. 그러나 현실적으로 이러한 선정적인 영상들이나 인터넷 방송을 규제할 방법은 없다. 인터넷 방송 같은 경우 기존 방송법의 규제를 받지 않기 때문이다.

표현의 자유는 민주주의를 지키는 매우 중요한 권리이다. 하지만 유튜브에 여과 없이 올라오는 사생활 노출, 폭력적이고 선정적인 콘텐츠들, 사회적 약자들을 향한 폭력적인 언행들이 표현의 자유라는 이름으로 정당화될 수는 없다.

또 한 가지, 연관된 콘텐츠를 골라주는 유튜브의 동영상 추천 시스템에 대해 생각해볼 필요가 있다. 사람들은 유튜브에서 동영상을 시청하기 시작하면 헤어나오기 힘들다는 말을 많이 한다. 하나의 동영상을 보면 그와 관련된 무수한 동영상을 유튜브가 추천해주기 때문이다. 그런데 그 동영상들은 사용자가 전에 보았던 동영상 데이터를 기반으로 해서 선별된다. 그렇기 때문

모든 영상이 모이는 곳

에 유튜브를 통해 접하는 정보는 편향적으로 쏠리게 된다. 즉 사용자는 자신이 갖고 있던 관심 분야와 관련된 동영상들만 보게 되는 셈이고, 이는 다양한 시각의 정보를 접할 기회를 차단당하는 것이다. 유튜브에는 하루에도 전 세계에서 엄청난 양의 동영상이 올라온다. 그러나 정작 유튜브의 추천 시스템은 사용자들을 매우 편협한 정보로 몰고 간다. 만약 유튜브로만 세상을 바라본다면 세상의 어느 일부분만을 보고 그것이 세상의 전부라고 생각하게 되기 쉽다.

유튜브가 사용자들의 적극적인 참여로 움직이는 미디어라는 점을 다시 떠올려본다면 유튜브를 건강하게 만들 수 있는 주체 역시 사용자들이다. 선정성과 폭력성 그리고 정보의 편향성으로 인한 진실의 왜곡은 역사상 존재했던 모든 미디어가 갖고 있는 숙제이다. 유튜브 역시 이 오래되고 잘 풀리지 않는 숙제를 안고 있다고 볼 수 있다.

# 미디어로 수업하기

편협한 정보에서 벗어나 세상에 참여하기

**1차시** 나의 유튜브 시청 바라보기

유튜브. 하루에 얼마나 보고 있나요? 책상에 앉아 공부를 하다가도 좋아하는 가수의 뮤직비디오나 유명 유튜버의 방송 등을 보기 위해 유튜브 앱을 켜본 적이 있을 겁니다. 그렇게 하나둘 보다 보면 몇 시간이 훌쩍 지나가기도 합니다. 재밌기는 하지만 이런 날들이 점점 더 많아지니 걱정이 되기도 합니다. 여러분에게 유튜브는 어떤 존재인가요?

## 1. '나의 유튜브 시청'에 관해 아래의 항목별로 답해봅시다.

| | |
|---|---|
| 평균 시청 시간은? | ① 1시간 이하      ② 2시간 ~ 3시간<br>③ 3시간 ~ 5시간      ④ 5시간 이상 |
| 주로 찾아보는 채널은?<br>(복수 응답 가능) | ① 대중문화(음악이나 영화 등)<br>② 1인 방송<br>③ 시사나 정치 관련 뉴스<br>④ 학습이나 지식<br>⑤ 기타 (                 ) |
| 1인 방송 중에서 가장<br>즐겨 보는 콘텐츠는? | ① 게임 관련 방송<br>② 먹방<br>③ 뷰티 관련 방송<br>④ 스포츠 관련 방송<br>⑤ 일상을 보여주는 방송<br>⑥ 음악 연주 및 커버음악 방송<br>⑦ 기타 (               ) |
| 유튜브를 보는 이유는?<br>(2개까지 고를 수 있음) | ① 다양한 콘텐츠를 제공해주기 때문에<br>② 다른 동영상 사이트보다 화질이 좋아서<br>③ 시청자가 참여할 수 있는 환경이 좋아서<br>④ 다른 미디어(TV나 인터넷 포털 등)보다 재밌는 콘텐츠<br>   가 많아서<br>⑤ 기타 (              ) |
| 나에게 유튜브는?<br>(3개까지 고를 수 있음) | ① 가장 재밌게 즐겨보는 미디어<br>② 공부에 방해가 되는 미디어<br>③ 부모님과 갈등을 만드는 미디어<br>④ 친구들과의 대화거리를 주는 미디어<br>⑤ 세상에 대한 정보를 알려주는 미디어<br>⑥ 기타 (               ) |

'나의 유튜브 시청'을 작성해보았다면 반 친구들이 작성한 조사 결과를 집계하여 '우리 반의 유튜브 시청' 자료를 만들어봅시다. 기타 의견의 경우 비슷한 답변들은 하나로 묶어보세요. 더 추가하고 싶은 설문 항목이 있다면 추가할 수 있으며, 앞의 항목에서 마음에 들지 않는 것이 있다면 빼는 등 설문을 다시 구성해도 됩니다. '우리 반의 유튜브 시청' 설문 조사 결과를 모두 정리했다면 아래의 활동을 해봅시다.

**2. '우리 반의 유튜브 시청' 설문 조사 결과가 집계되었다면 4~5명씩 모둠을 이루어 인포그래픽으로 표현해봅시다.**

각 모둠에서 만든 인포그래픽을 발표하는 시간을 가져봅시다. 각 모둠에서 만든 인포그래픽이 좋았던 점과 아쉬웠던 점도 함께 나누면 좋을 것 같습니다. 다양한 이야기를 나누어보았다면 아래의 마무리 활동을 해봅시다.

**3. 나와 친구들의 유튜브 사용에 대하여 느낀 점이나 건의하고 싶은 것이 있으면 함께 이야기를 나눠봅시다.**

사람들에게 많은 인기를 끌고 있는 동영상들을 한번 살펴보고 그 동영상들이 왜 인기가 있는지를 분석해보도록 하겠습니다. 사람들이 많이 보는 데에는 그만한 이유가 있을 것입니다. 또한 인기를 끄는 동영상들을 분석하면 사람들이 지금 무엇에 관심이 많은지, 어떤 콘텐츠를 좋아하는지를 파악할 수가 있습니다.

**1. 유튜브에 들어가 '인기' 탭을 클릭하여 지금 인기 있는 동영상들 중에서 5개를 골라 아래와 같이 정리해봅시다.**

| 제목 | | 게시자 | | 조회수 | |
|------|---|--------|---|--------|---|
| 콘텐츠 | | | | | |
| 간략한<br>내용 요약 | | | | | |

유튜브 동영상의 조회수는 얼마나 많은 사람이 그 동영상에 관심을 가졌는지를 보여줄 수 있지만 사람들이 그 동영상에 대해 어떤 생각을 가지고 있는지를 나타내주지는 않습니다. 어떤 인기 동영상은 조회수는 높지만 댓글에는 악평이 많이 달려 있을 수도 있지요. 즉 인기 동영상은 악명 높은 동영상일 수도 있다는 겁니다. 댓글을 통해 동영상에 대한 사람들의 반응을 좀 더 자세히 볼 수 있습니다.

2. 앞에서 고른 동영상들에 달린 댓글 중에서 인상 깊었던 댓글을 3개씩 골라 소개해봅시다.


사람들에게 인기가 상승하고 있는 동영상들과 댓글을 통해 어떤 동영상들이 사람들로부터 화제가 되고 있는지, 그리고 사람들이 어떤 반응을 보이고 있는지를 살펴보았습니다. 그렇다면 이제 어떤 동영상들이 사람들로부터 선택을 받는지, 그 동영상들이 가지고 있는 어떤 특징이 수많은 조회수와 댓글을 달리게 했는지를 함께 분석하고 이야기해봅시다.


3. 인기 동영상들이 갖고 있는 특징들은 무엇인지 함께 이야기해봅시다. 이때 케빈 알로카의 개념 '유행을 일으키는 사람들', '참여하는 커뮤니티들', '불확실성'을 사용해도 좋습니다.

모든 영상이 모이는 곳

여러분은 학교 숙제나 수행평가를 할 때 유튜브를 활용해본 적이 있나요? 최근 한 설문 조사에 따르면 많은 청소년이 검색 도구로 인터넷 포털보다 유튜브를 사용하고 있다고 합니다. 유튜브가 동영상을 즐기는 미디어일 뿐만 아니라 이제 정보와 자료를 찾는 수단으로 사용되고 있다는 것이지요. 그러나 유튜브로 검색되는 정보들은 과연 신뢰할 만할까요? 아래의 활동을 통해서 한번 확인해봅시다.

**1. 요즘 우리 사회에서는 페미니즘에 대한 논쟁이 뜨겁습니다. '페미니즘'에 대한 자료를 조사하고 발표해봅시다. 3개의 모둠을 구성하고 자료 조사 도구로는 '유튜브', '인터넷 포털', '책' 중 하나씩을 사용합니다. 단, 조사자의 주관이 개입되지 않기 위해 제시한 기준에 따라 자료를 선택합니다.**

• 유튜브: 가장 많은 조회수를 기록한 동영상들 중에서 발표 자료에 적합한 동영상 3개를 골라 내용을 정리합니다.

| 제목 | |
|------|------|
| 내용 | 게시자 :                                    조회수 :<br><br><br><br><br> |

- 인터넷 포털: 동영상이나 뉴스를 제외한 카테고리로 검색합니다. '블로그', '카페', '웹사이트'의 카테고리를 이용하고, 웹사이트의 경우 페미니즘과 관련된 단체나 위키피디아 같은 웹사이트를 참고하세요.

| 카테고리 | 블로그 ☐    카페 ☐    웹사이트 ☐ |
|---|---|
| 내용 | 블로그/카페/웹사이트 이름:             게시자: |

- 책: 페미니즘 관련 분야에서 가장 영향력 있는 책이나 청소년들을 위한 페미니즘 교양서 등을 찾아 읽어보세요. 책들에 대한 서평을 참고해도 좋고 도서관에서 책들을 찾아 모둠원들이 자신들에게 적절하다고 생각되는 책을 골라도 됩니다.

| 책 제목(저자, 출판사) | |
|---|---|
| 내용 | |

**2. 각 모둠에서 발표한 내용을 주장과 근거로 나누어 정리해봅시다.**

| 미디어 | 유튜브 ☐　　　인터넷 포털 ☐　　　책 ☐ |
|---|---|
| 페미니즘에 대한<br>주장 | |
| 입장을 뒷받침하는<br>근거 | |

이제 유튜브와 인터넷 포털 그리고 책을 통해 같은 주제에 관해 조사한 내용들을 서로 비교해봅시다. 같은 '페미니즘'에 관한 것이지만 미디어에 따라 얻은 정보들의 내용은 다를 수 있습니다. 미디어들을 통해 얻은 정보들의 차이점을 한번 찾아보고 왜 이런 차이가 생기는 것인지 함께 이야기해보는 시간을 가져봅시다.

**3. 미디어들을 통해 얻은 정보들의 차이점은 무엇인지, 그리고 왜 그런 차이가 발생하는지 함께 이야기해봅시다.**

유튜브

이제 직접 영상을 제작하고 유튜브에 올려보는 활동을 해보려 합니다. 여러분은 어떤 동영상을 올리고 싶은가요? 게임 방송이 인기가 있다고 무작정 게임 방송을 할 순 없겠지요. 먼저 자신만의 콘텐츠를 찾아봐야 합니다. 예를 들어, 노래에 자신이 있다면 음악 커버 영상을 제작할 수 있을 겁니다. 함께 동영상을 제작하고 싶은 사람들끼리 팀을 이루어도 되고 혼자 영상을 제작해도 좋습니다. 하지만 콘텐츠는 '나' 혹은 '우리'에게서 찾아봐야 합니다. 나 혹은 우리가 가장 잘 알고 있는 것을 가장 잘 만들어낼 수 있으니까요.

**1. '나(우리)'만의 콘텐츠를 찾기 위해 먼저 '나' 혹은 '우리'에 대해 생각해봅시다.**

| | |
|---|---|
| '나(우리)'가 가장 좋아하는 것 | |
| '나(우리)'가 가장 잘할 수 있는 것 | |
| '나(우리)'가 꿈꾸고 있는 것 | |

'나(우리)'와 관련된 위의 질문들에 대한 답을 해보면서 가장 마음에 들면서 현실적으로 쉽게 시작할 수 있는 콘텐츠를 찾아보세요. 만약 혼자 동영상을 제작하려 한다면 부모님이나 선생님 혹은 친한 친구들에게 조언을 구할 수도 있을 겁니다. 콘텐츠를 확정했다면 이제 무엇을 해야 할까요? 만약 키즈 콘텐츠를 선택했다면 무작정 동영상 제작에 들어갈 것이 아니라 기존의 키즈 콘텐츠들을 조사해보는 것이 좋습니다. 기존의 인기 키즈 콘텐츠들을 보면서 유튜버들이 어떻게 제작하고 있는지, 그리고 기존의 키즈 콘텐츠들과 차별화할 수 있는 나만의 전략은 어떻게 만들지를 생각하기 위해서입니다.

**2. 콘텐츠를 정했다면 동일한 콘텐츠로 사람들에게 사랑받고 있는 유튜버들의 동영상들을 아래 예를 참고하여 조사해봅시다.**

'나(우리)'가 정한 콘텐츠: (예시) 키즈 콘텐츠

| 채널 이름 | 특징 |
|---|---|
| 헤이 지니<br>(Hey Jini) | – 유튜버 헤이 지니가 장난감을 직접 가지고 놀면서 체험하는 형식<br>– 아이들이 좋아할 만한 과장된 목소리와 표정을 사용함.<br>– 최근엔 장난감뿐만 아니라 놀이공원이나 아쿠아리움 등을 체험하는 콘텐츠와 직업 체험 콘텐츠도 추가되었음.<br>– 진심으로 즐거워하며 장난감을 가지고 노는 것처럼 느껴짐.<br>– 어린 시청자들에겐 자신들과 눈높이를 같은 언니 혹은 누나가 즐겁게 함께 노는 느낌을 받을 것 같음. |

기존의 인기 채널들을 분석하면서 어떤 콘셉트로 동영상을 제작해야 할지에 대한 구상이 좀 구체화되었나요? 기존의 인기 채널들이 갖고 있는 장점은 취하면서도 그 채널들과는 다른 차별화된 콘셉트를 생각해봐야 합니다. 만약 기존의 채널들과 별다른 차이가 없다면 사람들이 별다른 매력을 느끼지 않겠지요.

**3. 기존의 인기 채널에서 취할 점들을 정리해보고, '나(우리)'의 콘텐츠가 어떤 차별화 전략을 사용할지 생각해봅시다.**

| 기존의 인기 채널에서 취할 장점들 | 차별화 전략 |
|---|---|
| | |

이제 어떤 콘텐츠의 동영상을 만들 것인지에 대한 생각은 충분히 한 것 같습니다. 그렇다면 본격적으로 기획안을 작성한 후 동영상을 제작해봅시다.

모든 영상이 모이는 곳

## 4. 아래의 형식으로 기획안을 작성해보세요.

| 채널명 | 잠들기 전에 떠나는 이야기 여행 | 카테고리 | 키즈 |
|---|---|---|---|
| 채널 소개 | 마치 잠자기 전 침대에서 동화책을 읽어주는 엄마처럼 책을 읽어주는 채널 | | |
| 예상 시청자 | 만 2세~7세 | 촬영 장소 | 내 방 침대 위 |
| 기존 채널과의 차별화 전략 | – 기존의 키즈 채널은 주로 장난감을 소개하거나 장난감을 가지고 노는 모습을 보여주고 있지만 책을 읽어주는 채널은 많지 않음.<br>– 책을 읽어주는 채널의 경우 사람이 동화의 상황을 연기하거나 시청자를 바라보며 이야기를 전하는 모습이지만, 본 채널은 침대 위에서 엄마가 책을 읽어주는 상황을 연출함. | | |
| 주요 콘텐츠 | | | |
| – 직접 책장을 넘기면서 동화책을 읽어주는 콘텐츠<br>– 어린이들에게 잘 알려지진 않았지만 재밌고 유익한 책을 소개하는 콘텐츠<br>⋮ | | | |

| 채널명 | | 카테고리 | |
|---|---|---|---|
| 채널 소개 | | | |
| 예상 시청자 | | 촬영 장소 | |
| 기존 채널과의 차별화 전략 | | | |
| 주요 콘텐츠 | | | |
| | | | |

# 미디어 리터러시 수업

## Z세대를 위한 미디어 교육 길잡이

**1판 1쇄 발행일** 2020년 4월 13일
**1판 5쇄 발행일** 2023년 7월 24일

**지은이** 신광희 김면수 이신희 정현근 홍유빈

**발행인** 김학원
**발행처** (주)휴머니스트출판그룹
**출판등록** 제313-2007-000007호(2007년 1월 5일)
**주소** (03991) 서울시 마포구 동교로23길 76(연남동)
**전화** 02-335-4422 **팩스** 02-334-3427
**저자·독자 서비스** humanist@humanistbooks.com
**홈페이지** www.humanistbooks.com
**유튜브** youtube.com/user/humanistma **포스트** post.naver.com/hmcv
**페이스북** facebook.com/hmcv2001 **인스타그램** @humanist_insta

**편집책임** 문성환 **편집** 윤무재 **디자인** 한예슬
**조판** 홍영사 **용지** 화인페이퍼 **인쇄** 삼조인쇄 **제본** 해피문화사

ⓒ 정현근 외, 2019

ISBN 979-11-6080-214-6 03370